Aunque parezca achuchable, está lleno de bichos y algas.

Los animales más inútiles*

~~maravillosos~~

del mundo.

*¿o no?

Traducción de Diego de los Santos

COMBEL

Para Leo.
P.B.

Fan de los ← aye-ayes

← Tiene un carácter algo **pinchoso**.

↑
Todo el día durmiendo.

Combel Editorial es un sello de Editorial Casals, SA

Título original: *The world's most pointless animals*

© 2021, Quarto Publishing plc
Texto e ilustración: © 2021, Philip Bunting
Concepto: Rhiannon Findlay
Diseño: Philip Bunting y Sarah Chapman-Suire
Editora sénior: Carly Madden
Directora creativa: Malena Stojic
Editora asociada: Rhiannon Findlay

Primera edición en 2021 por Happy Yak, un sello de The Quarto Group.
The Old Brewery, 6 Blundell Street, London N7 9BH, United Kingdom.

© 2021, de esta edición, Editorial Casals, SA
Casp, 79 · E-08013 Barcelona · combeleditorial.com
Traducción: Diego de los Santos

Segunda edición: mayo de 2023
ISBN: 978-84-9101-810-0
Depósito legal: B-8516-2021
Impreso en China por 1010 Printing

No sabe leer (pero no se lo ← cuentes a nadie).

← Tiene mala letra.

← Le flipan las cobayas.

Fabricado en Guangdong, China TT032023/March2023

No tiene → cuerdas vocales.

Índice.

Pensando en las musarañas.

¡Cleptómano!

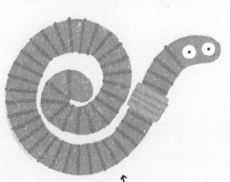

Comebarro sin corazón.

Cabeza de chorlito.

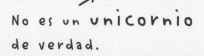

No es un unicornio de verdad.

Introducción.

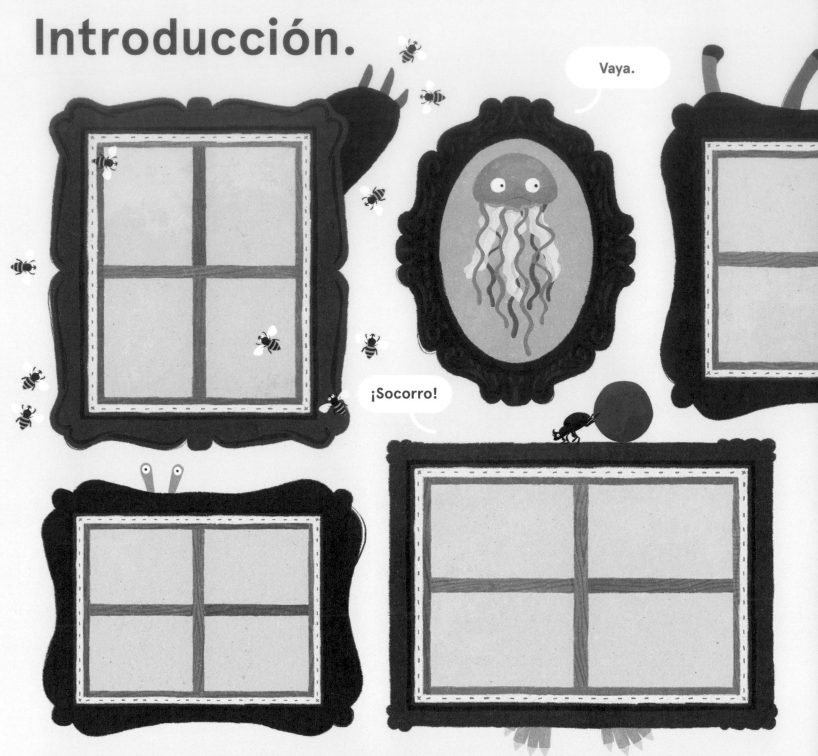

«Para una persona no instruida en historia natural, un paseo por el campo o la playa es un paseo por una galería llena de maravillosas obras de arte, de las que nueve de cada diez tienen la cara vuelta hacia la pared».
Esto lo dijo el biólogo inglés Thomas Huxley.

La naturaleza está llena de innumerables criaturas salvajes y maravillosas de todas las formas y especies. Todos los animales de nuestro planeta —del cerdo hormiguero al zooplancton— se han adaptado perfectamente durante generaciones para sobrevivir y, en última instancia, imponerse en su propio hábitat.

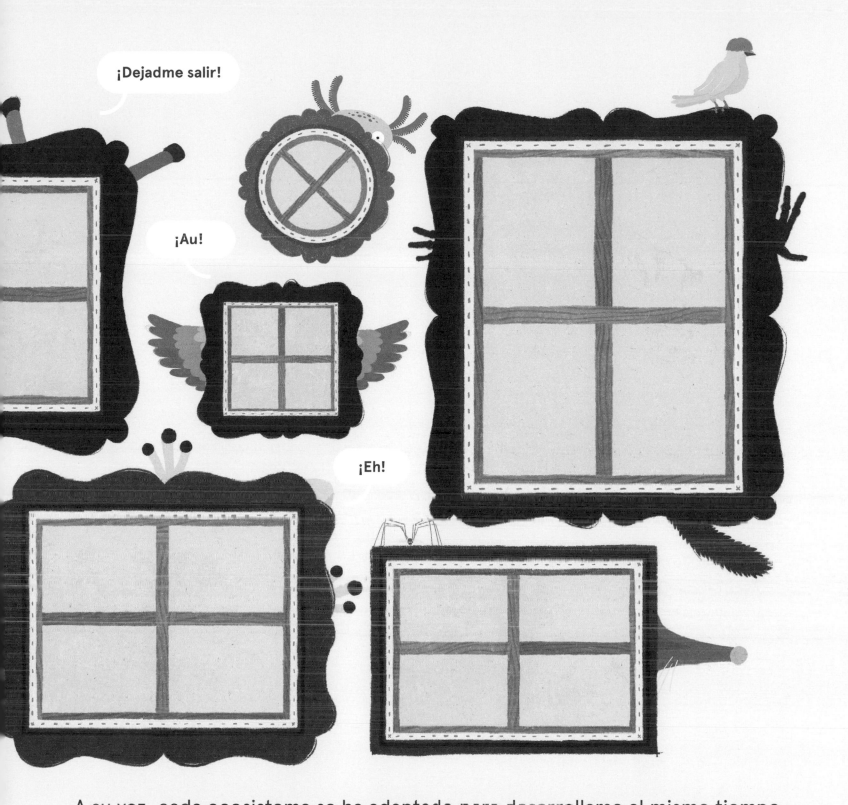

A su vez, cada ecosistema se ha adaptado para desarrollarse al mismo tiempo que sus extraordinarios habitantes. Nuestro mundo es un ser maravillosamente equilibrado, y todos somos expresiones individuales de la misma fuerza incognoscible. Cada criatura ilustra a la perfección la evolución darwiniana, y cada animal tiene un papel único que desempeñar en nuestro precioso planeta.

¿Los caracoles también? ¿Quién ha dicho eso? En cualquier caso, conozcamos a algunas de los millones de especies de la extraordinaria fauna que ~~tanta importancia tienen en nuestro maravilloso mundo.~~ resultan totalmente inútiles. ¡Oye! ¿Vas a seguir así todo el libro?

Medusa.

~~Medusozoa.~~
Tentaculi tentacula ayayay.

No confundir
con gelatina.
↓

¡Hola, marinero!

No tiene cerebro. ↘

No tiene → corazón. ↗

← No tiene ojos
(ya, ya lo sé...).

No tiene → huesos. ↗

↖ No tiene
nariz.

↗
Las medusas están
compuestas por un
95% de agua. Más o
menos como un bote de
gelatina.

↑
No es de
gominola.

↖ Algunos expertos
sostienen que son
parientes de los **fideos.**

↑
Las medusas **comen** peces,
crustáceos, algas y plantas... y
luego hacen **caca** por el **mismo
agujero.** Sí, su boca también es su
trasero. Ñam, ñam, ñam.

A pesar de las apariencias, esta diversa familia de alegres temblorosas son uno de los animales con más éxito del planeta:

Viven en todos los rincones de los mares.

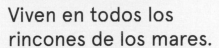 Aquí viven medusas.
◼ Aquí no.

Los científicos calculan que podría haber hasta 300 000 especies de medusas, pero hasta ahora solo se conocen 2 000. Llevan aquí al menos 500 millones de años (¡mucho más que nosotros!).

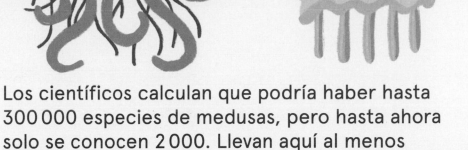

Medusa inmortal (en serio). →

¡Algunas medusas podrían vivir eternamente! Las medusas inmortales pueden volver a su estado juvenil si las cosas se ponen feas. Otras, como las medusas luna, pueden llegar a clonarse a sí mismas.

Para una tortuga marina, una medusa es como un cuenco lleno de gelatina temblorosa. ¡Qué rica! Sin embargo, hay una especie de medusa gigante muy agresiva, llamada «malvada rosa», con la que es mejor no bromear.

Quokka.

~~Setonix brachyurus.~~

Vomitaenboca nomolanadam.

Si pudiera, te COMERÍA.

Los quokkas «sonríen» porque tienen calor y jadean para refrescarse. No se están haciendo los simpáticos.

En el fondo, desprecia los selfis (solo le interesa tu comida).

Vomita en su propia boca y luego se lo come.

Insensible.

Chilla como un poseso si alguien lo ataca.

Pseudocanguro bajito y rechoncho.

Calentito y peludo por fuera, frío y despiadado por dentro.

Nativos de unas pocas zonas del suroeste de Australia, los quokkas se han adaptado estupendamente a su hábitat seco y soleado. Capaces de trepar a los árboles, comer corteza y aguantar hasta un mes sin agua, estos pequeños macropódidos (un tipo de marsupial: un animal que lleva a sus crías en una bolsa) son auténticos supervivientes. Debido a su dieta pobre en nutrientes, los quokkas comen dos veces (tragan una vez la comida, antes de digerirla parcialmente y regurgitarla) para extraer todo el alimento que pueden de cada bocado.

Paloma.

~~Columba livia.~~

Rattus aladus.

Entendida en migajas.

Cabeza de chorlito.

Menea la cabeza al andar.

Sin prisa, pero sin pausa, se están **adueñando** de las grandes plazas del mundo.

Personalidad arrulladora.

No respeta las estatuas.

Dedos repugnantes y escamosos.

¡Le encanta hacer **caca** por todas partes!

¿Por qué nunca vemos a las **crías** de paloma? Algo están tramando...

Estas superaves urbanitas conviven con nosotros en pueblos y ciudades desde hace al menos 6 500 años. Las palomas son uno de los pocos animales del mundo que tienen la capacidad de reconocerse a sí mismos en el espejo, un indicador de profunda inteligencia, compartido solo con unos pocos simios (incluidos tú y yo), los delfines, los elefantes y un puñado de loros creídos. Además de ser increíblemente inteligentes, son una de las aves más rápidas del mundo: ¡alcanzan velocidades de hasta 149 km/h!

Cabra miotónica.

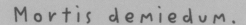

Mortis demiedum.

También conocida como
«**Patas rígidas de
Tennessee**»...

... y «cabra
que se
desmaya».

Alguien debería
explicarle que
también puede
luchar o huir.

Participa de mala
gana en muchos vídeos
de animales graciosos.

Chivo
chivón.

Un consejo: nunca
le organices una
Fiesta sorpresa
a una cabra
miotónica.

Muy nerviosa (se
le da fatal hablar
en público).

Se deja perilla
para hacerse la
dura.
No cuela.

Las cabras son unas de las criaturas más resistentes
y ágiles del reino animal, capaces de subir por acantilados
y de comer casi cualquier cosa con raíces y hojas. Pero esta raza en
particular es famosa por otra razón. Cuando se asusta —por ejemplo, por
un perro revoltoso o un granjero bailando *breakdance*—, los músculos de
una cabra miotónica se tensan inmediatamente y la cabra cae al suelo como
si se desmayase. Durante estos breves episodios, las cabras no pierden el
conocimiento y suelen volver a levantarse en cuestión de segundos... hasta la
próxima vez que se llevan un susto.

Sanguijuela.

~~Hirudinea.~~

Chupopterix maximus.

Básicamente les chupa la **sangre** a otros animales, como un vampiro baboso.

Casi todas las especies tienen tres mandíbulas. La pesadilla de todo dentista.

¡Aaaaaah!

300 dientes diminutos, pero horriblemente afilados.

Prácticamente ciega.

Completamente sorda.

Tu pierna.

¿He dicho ya que las sanguijuelas tienen **mala baba**?

Las sanguijuelas son pequeñas chupópteras, pero grandes triunfadoras: hay más de 650 especies en todos los continentes menos en la Antártida. No todas las especies de sanguijuelas chupan sangre, pero las que sí, pueden beber hasta cinco veces su propio peso en materia roja. Aunque no parezca demasiado lista, ¡una sanguijuela tiene 32 cerebros! Y su sistema nervioso se considera tan parecido al nuestro que los médicos suelen utilizar a las sanguijuelas para mejorar la circulación sanguínea en los seres humanos.

Escarabajo pelotero.

~~Scarabaeidae.~~

Ruedae bolae cacae.

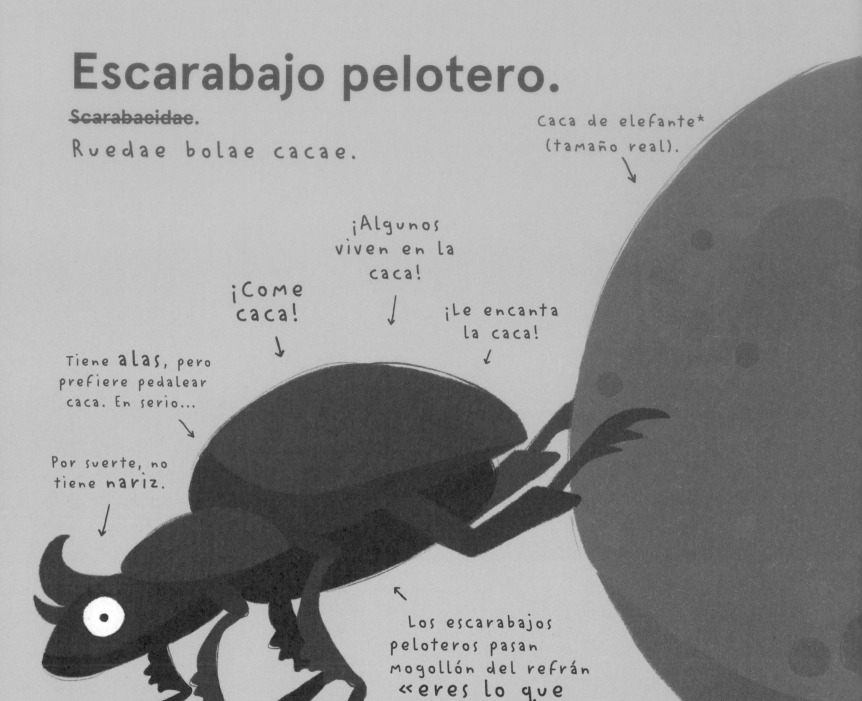

Caca de elefante*
(tamaño real).

¡Algunos
viven en la
caca!

¡Come
caca!

¡Le encanta
la caca!

Tiene **alas**, pero
prefiere pedalear
caca. En serio...

Por suerte, no
tiene **nariz**.

Los escarabajos
peloteros pasan
mogollón del refrán
«eres lo que
comes».

Patas **peludas**.

Hay unas 8000 especies de escarabajo pelotero en nuestro planeta lleno
de boñigas, y viven en todos los continentes menos en la Antártida.
A todos los escarabajos peloteros les encanta comer caca. Qué asco. Estos
demonios fecales comen, hacen rodar, entierran e incluso viven dentro de los
excrementos de otros animales, y de paso ayudan a mantener sanos nuestros
suelos. Resulta que cuando un animal digiere la cena, no suele extraer todos
los nutrientes de la comida. A los escarabajos peloteros se les da de maravilla
encontrar los nutrientes en cualquier tipo de caca.

Los escarabajos peloteros se orientan muy bien. Igual que las polillas se sirven de la luna para orientarse por la noche, los escarabajos peloteros emplean la franja brillante de estrellas de la Vía Láctea para orientarse.

Los escarabajos peloteros son los animales más fuertes del mundo en relación con su peso. Algunos pueden arrastrar una caca de más de 1100 veces su propio peso, ¡el equivalente a que tú arrastrases a 12 elefantes!

*Así es como la ve el dibujante. Intenta dibujar tú una.

↑
Los escarabajos peloteros prefieren las plastas de los **herbívoros** por su sabor a **maíz** y su regusto a **frutos secos.**

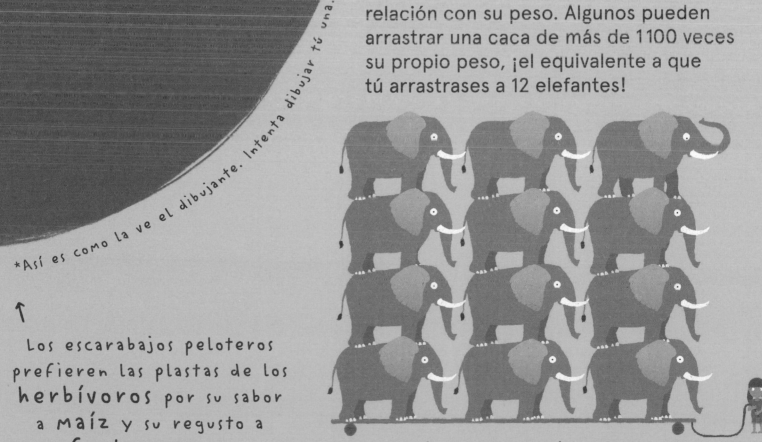

Ni se te ocurra intentarlo.

Pez borrón.

~~Psychrolutes marcidus.~~ Flandhuli flandhuli.

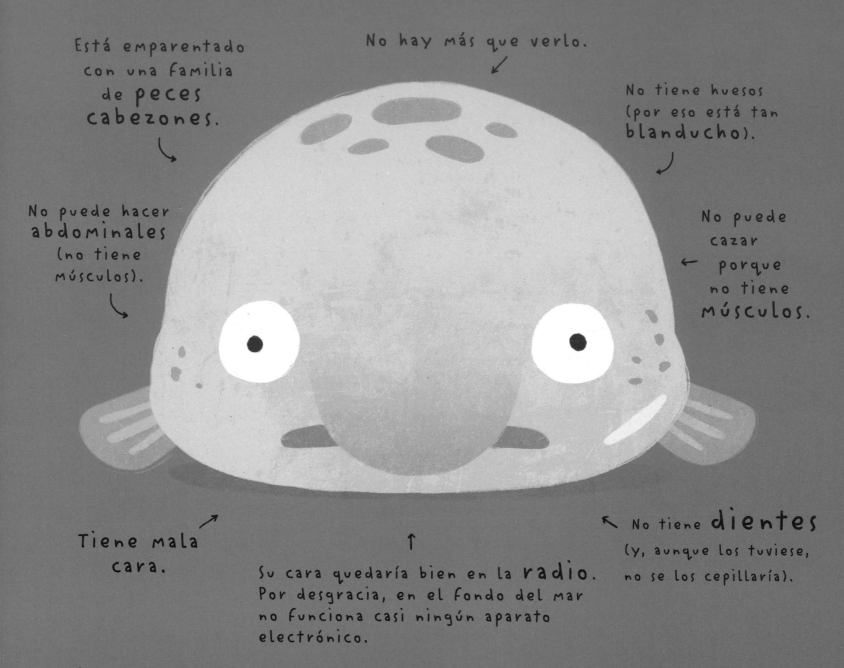

Está emparentado con una familia de **peces cabezones**.

No hay más que verlo.

No tiene huesos (por eso está tan **blanducho**).

No puede hacer **abdominales** (no tiene músculos).

No puede cazar porque no tiene **músculos**.

Tiene mala cara.

Su cara quedaría bien en la **radio**. Por desgracia, en el fondo del mar no funciona casi ningún aparato electrónico.

No tiene **dientes** (y, aunque los tuviese, no se los cepillaría).

Los peces borrón están considerados injustamente una de las criaturas más feas del mundo. Viven en las profundidades marinas que rodean Australia y Nueva Zelanda y se pasan la vida flotando justo por encima del fondo marino, aspirando crustáceos, plancton y otras delicias de las profundidades. Debido a su hábitat extremo, todavía hay muchas cosas que no sabemos, como cuánto tiempo viven o cómo se reproducen. Pero como sabemos dónde viven, sabemos que sus únicos enemigos son los humanos (sobre todo los que tienen redes para pescar en aguas profundas o un cruel sentido del humor).

Los peces borrón viven a profundidades de entre 600 y 1200 metros, donde la presión atmosférica es hasta 120 veces mayor que al nivel del mar. En este hábitat de alta presión de las profundidades marinas en el que ha evolucionado para desarrollarse, el pez borrón parece un pez del montón.

En las **profundidades:** parece más **pez** y menos blandiblú.

De carne esponjosa y sin espinas, el pez borrón se ha adaptado perfectamente a este hábitat extremo. ¡A estas profundidades, nuestros cuerpos humanos, huesudos y terrestres quedarían aplastados instantáneamente por la presión! Cuando uno lo saca de su hábitat natural, al pez borrón le pasa justo lo contrario. Al nivel del mar, su cuerpo blanducho no puede adaptarse al cambio de presión y se deforma rápidamente.

Al **nivel del mar.** parece más **blandiblú** y menos pez.

Oso malayo.

~~Helaretos malayanus.~~

Peluchius pequenius.

Complejo de osito.
↓

Alias «Oso Perro».
Suena bien, pero no
lo convencerías para
llevártelo de paseo.

Los osos malayos
son omnívoros,
pero su comida
favorita puede
venir acompañada
de pica-pica.

¡Largo!

No tiene
buena vista. →

No hiberna.
(De noche, →
todos los osos
son pardos).

Sus modales
en la mesa →
dejan mucho
que desear.

← Una lengua
ridículamente larga
(¡unos 25 cm!). No
se le dan bien los
trabalenguas.

A cuatro patas, la especie de oso más pequeña del mundo solo le llega a la altura de la cadera a una persona adulta. Aunque también recibe el nombre de «oso del sol», suele dormir durante el día y es más activo por la noche. Este apodo se debe a una mancha dorada en el pecho y el cuello, que supuestamente representa el sol naciente. ¡La mancha de cada oso es única, como nuestras huellas dactilares!

Pez murciélago de labios rojos.

~~Ogeocephalus darwini.~~

Muchii morrii.

Le gusta fardar.
↓

Es fan de Marilyn Monroe. Y de los payasos.
↓

¿Lo ha maquillado su hermana pequeña?
↓

↑
Solo los machos tienen estos labios seductores.

↑
Pelusilla adolescente.

↑
Nada despacio (por eso se pasea).

Estos voraces carnívoros, que suelen dejarse ver paseando por los fondos marinos de las Islas Galápagos, se han adaptado de maravilla a su vida en el fondo del mar. Además de los llamativos labios rojos de los machos (que utilizan para atraer a una hembra), todos los peces murciélago de labios rojos han desarrollado aletas pectorales y pélvicas con las que pueden caminar por el fondo marino. De hecho, están tan bien adaptados a caminar que rara vez nadan.

Cigarra.

~~Cicadoidea.~~

Esperae-esperae aliti-aliti-bzzz-bzzz-aliti-aliti-bzzz... mortis.

(No son granos de arroz.) Los huevos eclosionan al cabo de unas 10 semanas.

Las ninfas nacen libres, pero eligen meterse bajo tierra rápidamente.

¡Vive bajo tierra hasta **17 años!**

Qué desperdicio.

Esta familia de más de 3 000 especies se reconoce por su cuerpo robusto y su cabeza relativamente grande. Todas las cigarras se clasifican en uno de los dos grupos: cigarras anuales o cigarras periódicas. Mientras que las cigarras anuales aparecen cada verano, las periódicas viven bajo tierra como ninfas antes de emerger como adultos voladores.

Las cigarras adultas ponen los huevos en pequeños agujeros que hacen en ramitas. Al cabo de unas 10 semanas, los huevos eclosionan y de ellos salen pequeñas ninfas sin alas, que caen de la planta y se entierran rápidamente bajo el suelo. Estas futuras cigarras vivirán bajo el suelo hasta 17 años, alimentándose de la savia que succionan de las raíces de los árboles.

¡Demasiado ruidosa!

¡Cabezuda!

Las cigarras adultas solo viven unas semanas.

Vive el 99% de su vida bajo tierra. Alguien debería decirle todo lo que se está perdiendo.

¡Cuando ve a una hembra, un macho adulto produce un potente zumbido que puede hacer más ruido que una moto!

Cuando llega el momento de salir a la superficie, la ninfa espera a que el suelo alcance los 18 ºC. La ninfa suele trepar por el tronco de un árbol y muda la piel para convertirse en una cigarra adulta alada. A continuación, la cigarra echa a volar para aparearse y deja atrás su antigua piel de ninfa. Las hembras adultas ponen hasta 600 huevos antes de morir tras pasar unas dulces semanas al aire libre.

Pez de colores.

~~Carassius auratus.~~

Tediosus domesticus.

¿Qué sabe hacer?

Se **come** cualquier pez que le quepa en la boca. Te comería a ti si pudiera.

Aburrida como mascota.

No puede **parpadear** (no tiene párpados).

No corre a buscar un palo.

No **ronronea**.

No sabe hacer trucos.

¡Si lo dejas a oscuras, se pone **blanco**!

No se le pueden hacer **mimos**.

Se come su propia **caca**. Seguramente.

Los humanos hemos tenido peces de colores desde hace miles de años. Pero piénsatelo bien antes de tener un pez de colores como mascota, porque viven más de 40 años. Tienen un asombroso sexto sentido (una combinación de oído, tacto y equilibrio), que los ayuda a percibir las vibraciones del agua y los alerta de la presencia tanto de depredadores como de presas. Contrariamente a lo que se suele pensar, algunos estudios recientes han demostrado que los peces de colores pueden retener recuerdos durante al menos 6 meses.

Insecto palo.

~~Phasmatodea.~~

Ramita ambulatoria.

Un insecto palo excesivamente cariñoso puede quedarse prendado de un palo de **polo** tirado por el suelo. El **verano** puede ser una mala época para ser un insecto palo.

Muchos insectos palo mudan la corteza (perdón, la piel) y se la **comen**. Qué asco.

Los insectos palo no son criaturas especialmente **sociables**.
Tanto es así que no hay un **nombre colectivo** para un conjunto de individuos.
Los principales candidatos son:

☐ **Seto.**
☐ Escoba.
☐ Cepillo.

Cuando un insecto palo se ve en **peligro**, tiene dos opciones: o le da palo, o te da un palo.

← Un **palo.**
¿O no?

Hay más de 3 000 especies de insecto palo en el árbol de la vida. Cada tipo se ha ramificado para parecerse mucho a su entorno, tanto en forma como en color. Incluso los huevos de los insectos palo han evolucionado para imitar a las semillas, lo que convierte a estos palos andantes en una de las criaturas mejor camufladas del planeta.

Lombriz.

~~Lumbricus terrestris.~~

Humus productora.

No tiene huesos. ↘

¡Qué asco! ↓

El nombre colectivo para un grupo de lombrices es un «**rebaño**» (que claramente rima con «extraño»).

Qué asco. ↙

Qué → asco.

Superasco. ↓

En realidad, no tiene ojos. ↓

Qué asco. ↘

¡Comebarro sin **corazón**! ↗
Las lombrices no tienen corazón. Tienen cinco bombas con forma de corazón llamadas arcos aórticos.

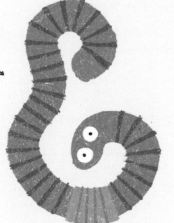

Curiosidad: si **cortas** una lombriz por la mitad, no tienes dos lombrices, solo una lombriz **requetemuerta.**

Las lombrices viven por todo el mundo; están en cualquier parte donde haya tierra húmeda, pero son más comunes en zonas boscosas. Su tamaño es variable, y pueden llegar a medir dos metros en algunas zonas de Australia.

← Ni se te ocurra intentarlo.

La tierra húmeda es imprescindible para las lombrices, ya que no tienen pulmones. Absorben el oxígeno a través de la piel. Y su piel debe estar húmeda para permitir que el oxígeno les pase a la sangre.

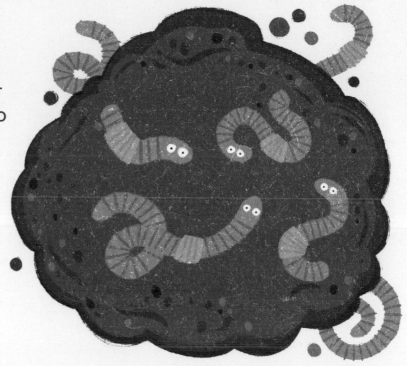

A Charles Darwin le encantaban las lombrices. Escribió un libro entero sobre ellas en 1881, donde decía: «Las lombrices han desempeñado un papel más importante en la historia del mundo de lo que algunos piensan».

Charles Darwin

La formación del mantillo vegetal por la acción de las lombrices

Yo prefiero *La pequeña oruga glotona.*

Al comer tierra, las lombrices hacen circular los minerales y los nutrientes y ayudan a que se desarrollen las plantas. Sin plantas, no habría vida en tierra firme. Sin tierra, no habría plantas. ¡Sin tierra, no existirías tú!

Rata topo desnuda.

~~Heterocephalus glaber.~~

Salchicharrugada dentata.

No es un **topo**.
No es una **rata**.
Pero salta a la vista
que está desnuda.

Casi **sorda**.
¿Cómo dices?

Duerme **amontonada**
con otras ratas topo
desnudas (para calentarse).

Cola rara, como
de lombriz.

Prácticamente
ciega.

Se **come** su
propia **caca**.
Faltaría más.

Sus **dientes** se mueven
independientemente,
¡como palillos!

Rechina los dientes
mientras duerme,
como muchos humanos.

Estos roedores subterráneos están perfectamente adaptados a la vida bajo tierra. Tienen más de una cuarta parte de su masa muscular en las mandíbulas, por eso las ratas topo desnudas excavan complejos sistemas de túneles que pueden extenderse a lo largo de muchos kilómetros y albergar a cientos de individuos. A diferencia de otros mamíferos, viven en colonias en las que cada rata topo desempeña un papel especial, ya sea el de reina, soldado u obrera, y cada individuo desempeña dicho papel por el bien común.

Charrán inca.

~~Larosterna inca.~~

Mostacha bandida.

Clásica apariencia
de bandido.

¡Les roba comida
a otras criaturas
marinas!

Extraño
«maullido»,
similar al del
gato.

Un ave muy
segura de sí misma
(un **gallito**,
dirán algunos).

Un **bigote** muy
elegante, sobre
todo para fardar.

Les roba el nido a
otras aves. Le gusta
mucho posarse en los
nidos de los pingüinos
de Humboldt.

No se desenvuelve demasiado
bien en el agua por culpa
de sus **patas,** relativamente
pequeñas.

¡Los charranes incas son tan ágiles y confiados en el aire que hasta
se lanzan en picado y roban peces de la boca de leones marinos
desprevenidos! También picotean las sobras de los barcos de pesca. Tanto
en los machos como en las hembras, el plumaje en forma de bigote se
desarrolla a los dos años de edad. Este elegante rasgo facial es un indicador
de salud: cuanto más largo sea el plumaje, mejor es la salud del ave. Por
eso las aves con los bigotes más largos suelen tener más crías.

Marmota.

~~Marmota monax.~~

Terracerditus meteorologus.

Es una **plaga**
← (roba cultivos).

Vive en un
agujero.
↓

También conocidas como castores de
tierra y cerdos silbadores (¡qué monos!),
las marmotas viven en redes de túneles
subterráneos que pueden superar los
20 metros de longitud, con cámaras
especiales para dormir e ir al baño.
Usan estas madrigueras para criar a su
prole, esconderse de los depredadores e
hibernar durante el invierno.

Duermen profundamente
unos tres meses al año.
Perezosas.

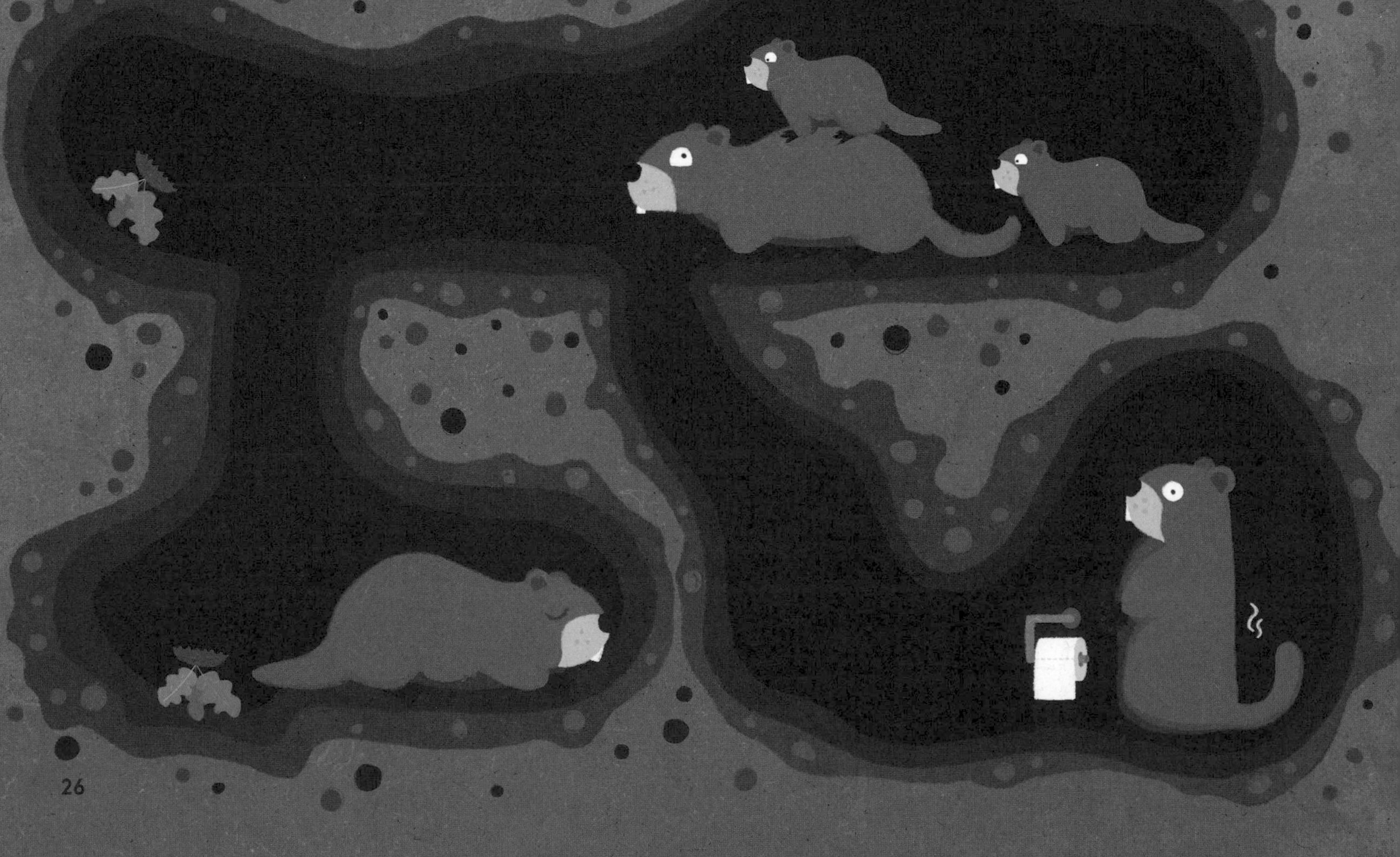

26

Las marmotas son el miembro más numeroso de la familia de los esciúridos, que también incluye a las ardillas. A pesar de su preferencia por la vida subterránea, las marmotas pueden trepar a los árboles para escapar de un molesto depredador. Y son excelentes nadadoras, si no tienen más remedio.

Muchas ventosidades (gracias a todos esos tubérculos).

Las marmotas saben exactamente cuándo deben salir de su hibernación para que sus crías tengan más posibilidades de sobrevivir. ¡Son calculadoras vivientes! Tanto es así que hasta se han utilizado para predecir la llegada de la primavera en algunas partes de Norteamérica.

Un poco entrometida.

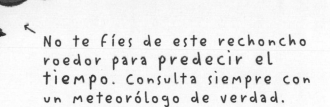

No te fíes de este rechoncho roedor para predecir el tiempo. Consulta siempre con un meteorólogo de verdad.

Las marmotas suelen considerarse una plaga un poco molesta. Sin embargo, son una parte valiosa del ecosistema. Remueven la tierra y permiten que se airee, lo cual ayuda a las plantas a crecer.

Erizo de mar.

~~Echinoidea.~~

Pequenii pinchii.

No tiene cerebro.

Tiene el culo en lo alto de la cabeza, como un orificio nasal apestoso.

Muchas especies son venenosas, y casi todas pinchan mucho.

No tiene ojos (Ya, ya...).

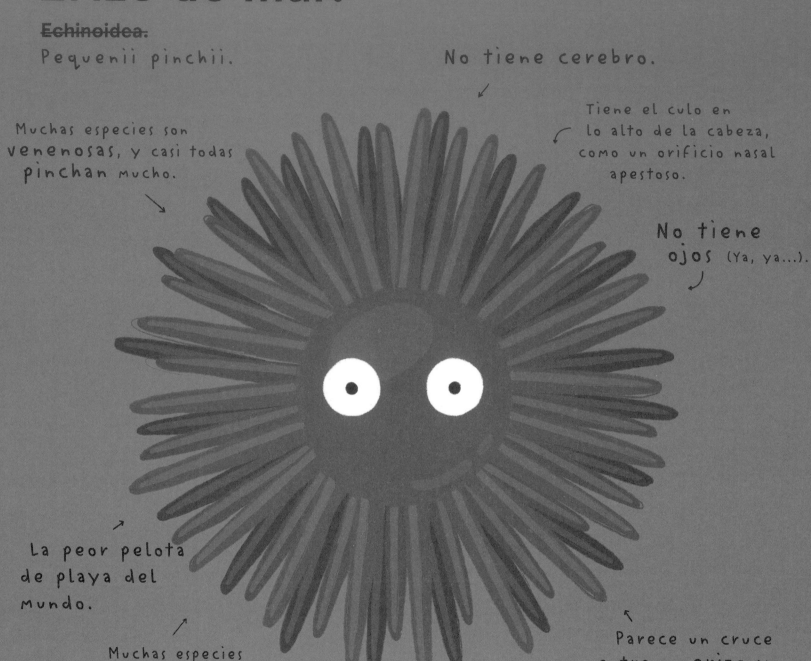

La peor pelota de playa del mundo.

Muchas especies muerden.

Parece un cruce entre un erizo y un virus.

Estos espinosos bribones marinos son parientes cercanos de las estrellas de mar y los pepinos de mar. Son omnívoros y aspiran casi todo lo que les cabe en su extraña boca. Esa boca tan rara está equipada con cinco dientes afilados capaces de romper la roca. Los erizos desempeñan un papel fundamental en el mantenimiento del equilibrio entre los corales y las algas en los ecosistemas de los arrecifes de coral. En otros sitios, son el alimento preferido de muchas criaturas, como las nutrias marinas, los peces, las aves marinas e incluso a veces los humanos.

Koala.

~~Phascolarctos cinereus.~~

Nosunoso duermi duermi.

¡Solo come hojas de **eucalipto**, duras y tóxicas, que matarían a casi cualquier mamífero! Qué raros son.

Está claro que **no es un oso.** ↓

Ve fatal. ↘

Les da de comer su **caca** a sus propias **crías.** ↙

Se pasa casi todo el día **durmiendo.** ↑

¡Las **huellas dactilares** de koala se parecen tanto a las de los **humanos** que ha habido confusión en alguna escena del crimen! ↑

El koala medio se pasa hasta 18 horas al día durmiendo. Su dieta pobre, compuesta de hojas de eucalipto tóxicas, les hace estar un poco cansados y algo gruñones. Cuando nacen, los bebés koala no tienen las bacterias intestinales necesarias para digerir estas plantas tóxicas. Pero tranquilo, ¡las mamás koala son grandes cocineras! Cuando una cría de koala está lista para comer alimentos sólidos, su madre le da de comer su propia caca (también conocida como papilla), para introducir cuidadosamente bacterias buenas en el intestino de su cría.

29

Ornitorrinco.

~~Ornithorhynchus anatinus.~~ Mamiferum carapatum megarrarum.

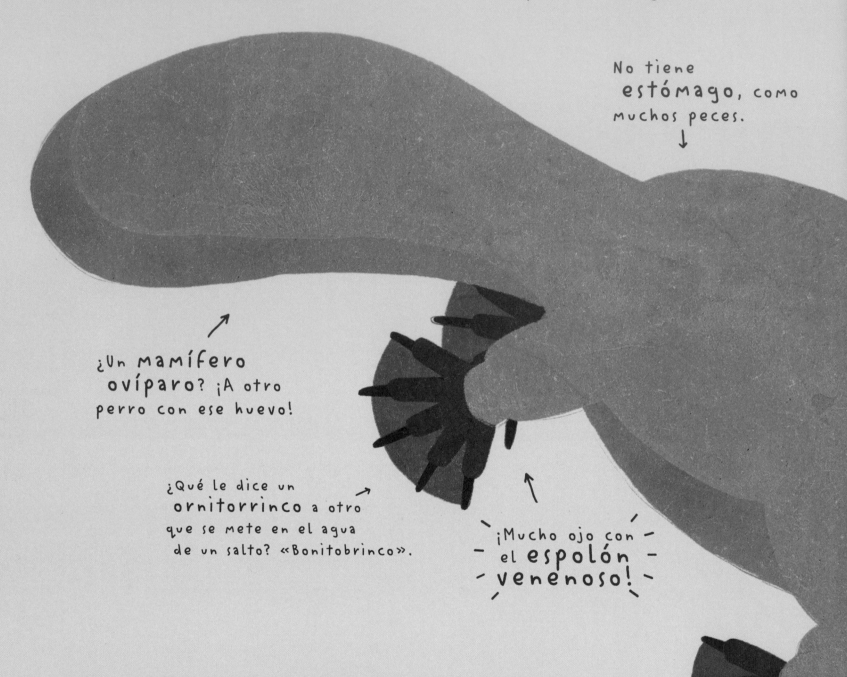

No tiene **estómago**, como muchos peces. ↓

↗ ¿Un mamífero **ovíparo**? ¡A otro perro con ese huevo!

¿Qué le dice un **ornitorrinco** a otro que se mete en el agua de un salto? «Bonitobrinco». ↗

¡Mucho ojo con el **espolón** venenoso! ↑

Cuando los biólogos enviaron por primera vez una piel de ornitorrinco a Londres desde Australia, a finales del siglo XVIII, los destinatarios pensaron que era un fraude. Este mamífero de agua dulce tiene un cuerpo y un pelaje parecidos a los de una nutria, dedos palmeados, un pico blando y áspero ¡y no tiene estómago! Los machos tienen un espolón venenoso en las patas traseras y las hembras ponen huevos. Una criatura la mar de rara.

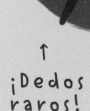

↑ ¡Dedos raros!

Se cree que los ornitorrincos aparecieron hace entre 110 y 120 millones de años, poco después de que los mamíferos evolucionasen a partir de los reptiles. Al igual que los reptiles, los ornitorrincos ponen huevos en lugar de dar a luz a crías vivas, como hacen otros mamíferos. Pertenecen a una familia muy especial de mamíferos llamada monotremas, a la que solo pertenecen los ornitorrincos y los equidnas.

Eh... ¿cuac?

¿Alguien le ha pegado el **pico de un pato** a una nutria?

Buenas.

No tiene **dientes.**

↑ **Comida.**

Su singular pico puede detectar pequeños campos eléctricos generados por seres vivos en el agua —un proceso conocido como electrolocalización—, que el ornitorrinco utiliza para cazar pequeños peces y crustáceos.

Avestruz.

~~Struthio camelus.~~

Pollum gigantum.

¡Un cerebro →
diminuto! El cerebro
de un avestruz es
más pequeño que
su ojo.

No sabe volar.

¡No tiene dientes!
Los avestruces se tragan
piedrecitas para ayudar a
deshacer la comida.*

Plumeros
incorporados.

Zona extralarga
para que los
depredadores
puedan cazarlo
mejor.

*Pobrecillo,
cuando tenga que
hacer caca.

Los avestruces ponen
los huevos más
grandes del mundo.
Pesan la friolera de
1,5 kg. ¡Uf!

¡Solo tiene dos
dedos (por pie)!
Casi todas las aves
tienen tres o
cuatro dedos.

Para evitar convertirse en comida rápida en la sabana africana, el ave más grande y pesada de la Tierra puede correr a velocidades de hasta 70 km/h y utiliza sus alas como timones para ser más hábil que los depredadores. Sin embargo, si no puede huir, otra táctica de defensa que utiliza el avestruz es bajar el cuello hasta el suelo y quedarse inmóvil, con la cabeza apoyada en el suelo delante de él. Así, a lo lejos, los depredadores tendrán más difícil detectar al avestruz escondido. A nosotros nos parece que ha enterrado la cabeza en la arena, de ahí el mito popular.

Taipán del interior.

~~Oxyuranus microlepidotus.~~

Muerdemuerdi muertimuerti.

Por suerte para nosotros, la serpiente más venenosa del mundo prefiere la vida tranquila y elige vivir en el interior de Australia, escasamente poblado, donde apenas se cruza con los humanos. El veneno de la taipán es tan potente que puede matar a una persona adulta en 30 minutos. Lo más preocupante es que una taipán del interior tiene suficiente veneno para matar a 100 personas adultas.

¿Qué pasa si **se muerde** la **lengua** sin querer?

Mejor búscate otra **mascota**.

Mal carácter (también conocida como la «serpiente feroz»).

No tiene **cascabel**.

¿De verdad necesita tanto **veneno**?

No tiene **brazos**. Ni **patas**.

Si te muerde esta serpiente, eres **hissstoria**.

Cobaya.

~~Cavia porcellus.~~

Boladepelix gritonix.

No es un conejo...

...ni viene de la India.

Tampoco es un cerdito.

Dientes que nunca paran de crecer.

Cuatro dedos delante.

← Extraño número de dedos. →

Tres dedos atrás.

¡No tiene cola! ¿No tiene cola? ¡Bah! Pero ¿qué clase de mamífero es?

Las cobayas son excelentes mascotas. Son pequeñas criaturas muy sociables y suelen ronronear cuando están contentas (o asustadas) y saltar cuando están emocionadas, un ejercicio conocido como «popcorning». Algunos chillidos de cobaya son ultrasónicos y alcanzan frecuencias superiores a los 20 000 Hz (los humanos solo pueden oír sonidos de hasta 20 000 Hz).

Las cobayas son originarias de los Andes (Sudamérica), donde sus habitantes creen que pueden ayudar a curar un montón de enfermedades humanas. Los tratamientos típicos con las cobayas andinas van desde restregar a los pobres animalillos por la zona afectada hasta comérselos. De hecho, la cobaya es un plato popular en muchos países sudamericanos como Perú, Bolivia, Ecuador y Colombia.

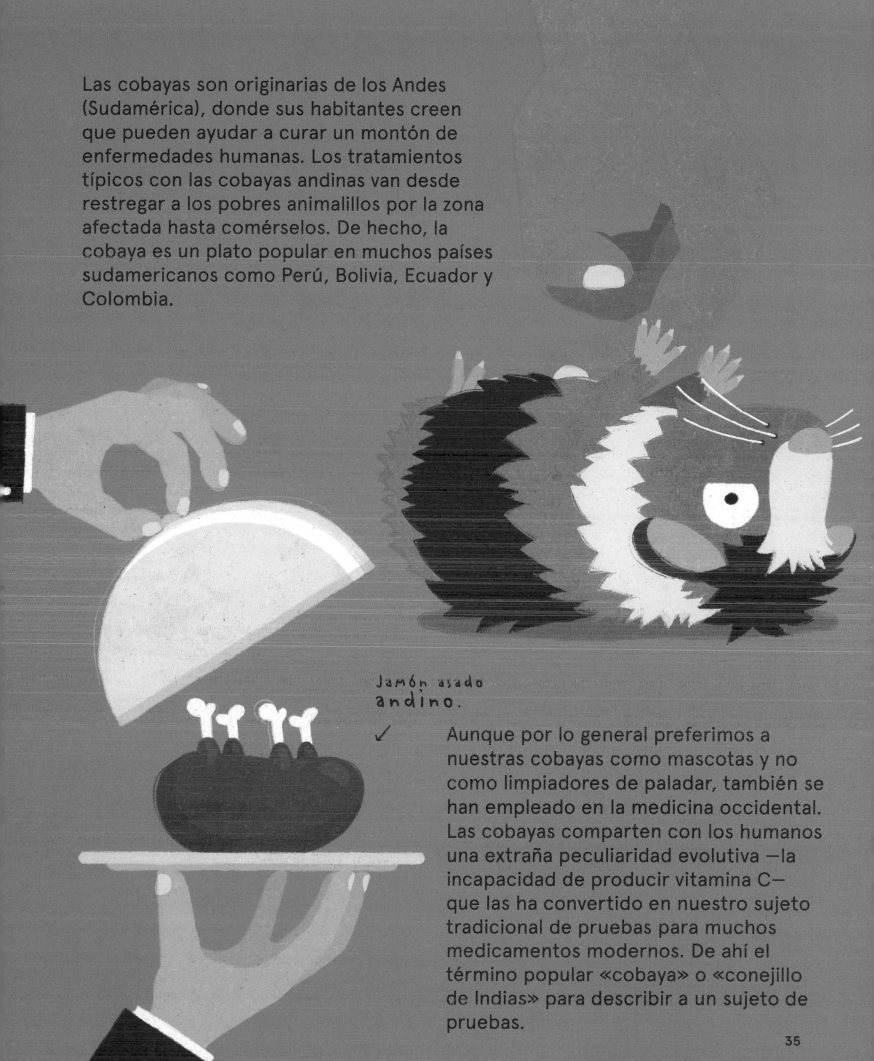

Jamón asado andino.

✓

Aunque por lo general preferimos a nuestras cobayas como mascotas y no como limpiadores de paladar, también se han empleado en la medicina occidental. Las cobayas comparten con los humanos una extraña peculiaridad evolutiva —la incapacidad de producir vitamina C— que las ha convertido en nuestro sujeto tradicional de pruebas para muchos medicamentos modernos. De ahí el término popular «cobaya» o «conejillo de Indias» para describir a un sujeto de pruebas.

35

Efímera.

Hoystavivae
manianastamuertae.

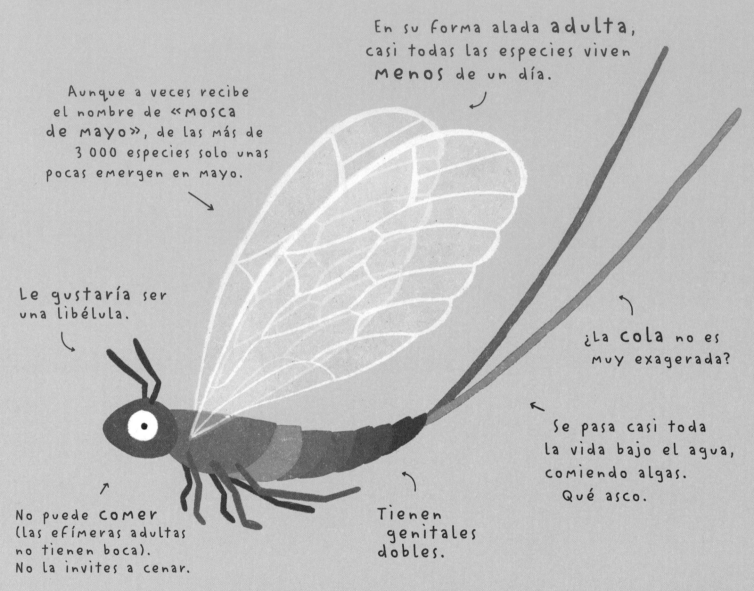

Aunque a veces recibe
el nombre de «mosca
de mayo», de las más de
3 000 especies solo unas
pocas emergen en mayo.

En su forma alada **adulta**,
casi todas las especies viven
menos de un día.

Le gustaría ser
una libélula.

¿La **cola** no es
muy exagerada?

Se pasa casi toda
la vida bajo el agua,
comiendo algas.
Qué asco.

No puede **comer**
(las efímeras adultas
no tienen boca).
No la invites a cenar.

Tienen
genitales
dobles.

Durante su corta vida, una efímera pasa por cuatro etapas: huevo (dura unas semanas), ninfa (dura de unos meses a dos años), subimago (dura de unos minutos a unos días) y la etapa adulta (imago), que dura entre unos minutos y unos días, dependiendo de la especie. De adulta, su único objetivo es reproducirse. Una vez cumplida su misión de crear más efímeras —y de poner a la siguiente generación de huevos—, las efímeras adultas mueren.

Mofeta rayada.

~~Mephitis mephitis.~~

Anus horribilis.

El olor fétido de la mofeta es muy inflamable y eso la convierte en una invitada muy cuestionable en una barbacoa o en una fiesta de cumpleaños alrededor de una hoguera.

¡La peste de una mofeta es tan fuerte que puede ocasionar ceguera temporal!

Ve fatal.

¡Una onda expansiva de 4,5 metros!

Tiene un olfato excelente. ¡Qué ironía!

Patas cortas y garras mediocres.

Las mofetas no quieren rociarte con el perfume de sus glándulas posteriores, pero pueden hacerlo y lo harán. Su niebla maloliente es la única defensa real de la mofeta contra los depredadores. Por suerte, estos pequeños mamíferos tienen buenos modales y te avisarán con antelación antes de tirarse un cuesco. Antes de desplomarse, una mofeta suele realizar un pequeño baile de advertencia que puede incluir gruñidos, sacudidas, pisotones ¡y hasta puede hacer el pino!

Oso hormiguero gigante.

~~Myrmecophaga tridactyla.~~

Hocicoaspiradorum hormigarricum gigaenormea.

Como su nombre indica, los osos hormigueros gigantes comen enormes cantidades de hormigas: ¡hasta 35 000 hormigas o termitas en un solo día! Utilizan sus lenguas largas, finas y pegajosas para hurgar en los hormigueros o en los termiteros y engullir el mayor número posible de insectos —cientos por minuto— antes de que las hormigas empiecen a morder.

Oye fatal.

Ve muy mal (es supermiope).

¡Argh! ¡Media vuelta!

¡Menuda napia!

¡No tiene dientes! (Se traga las hormigas enteras.)

Lengua de 60 cm de largo cubierta de una saliva superpegajosa.

Los osos hormigueros son cazadores amables y respetuosos. Tienen cuidado de buscar solo las hormigas que necesitan y nunca destruyen una colonia, pues dejan suficientes hormigas para reconstruirla. Así, el oso hormiguero nunca se queda sin comida.

Qué considerado.

Oh, oh.

↑
Las visitas al baño deben de escocer un poco, con tanta fibra de crujientes exoesqueletos de hormiga.

↑
No le vendría mal un corte de pelo.

Las garras de los osos hormigueros son enormes —miden unos 10 cm de largo— y son ideales para excavar en los hormigueros. También resultan útiles para defenderse de los depredadores, como el jaguar. Si un oso hormiguero se siente amenazado, puede levantarse sobre sus patas traseras y golpear a su atacante con sus garras delanteras. ¡Au!

Canario Gloster.

~~Serinus canaria domesticus.~~

Canarius melenudus.

Los canarios Gloster son grandes fans de los primeros Beatles.

Si tu madre intenta cortarte el pelo así, agarra el tazón y corre.

No es el mejor cantante, aunque sea un canario.

Este pájaro no duraría mucho en libertad, ya que no ve hacia dónde vuela.

No sabe hablar como un loro.

Si le tiras un palo, no te lo trae.

Los humanos llevan siglos teniendo canarios como mascotas. Los canarios Gloster no se dan de forma natural en libertad, sino que son el producto de la cría selectiva por parte del hombre.

El canario Gloster fue reconocido por primera vez como raza en Inglaterra en 1925. Hoy en día siguen siendo apreciados como mascotas por su carácter alegre y, por supuesto, por su curioso plumaje.

Aye-aye.

~~Daubentonia madagascariensis.~~

Extranius digitus maximus.

Rasgos faciales felinos, entre cuquis y escalofriantes.
↓

El nombre se lo puso alguien que acabó con uno de sus largos dedos («¡Ay, ay!») metido en el ojo.
↓

Solo vive en Madagascar, pero parece que allí se considera muy mala suerte encontrarse con uno. →

Caña de pescar rarísima (estupenda para sacarse mocos).

¡Al principio, los científicos clasificaron a los aye-ayes como roedores! ¡Qué groseros! →

Cola muy peluda, seguramente robada a una ardilla.

← Las paletas nunca paran de crecerle, como a las ratas.

¡Los aye-ayes son primates y parientes cercanos tuyos! ¿No ves cómo te pareces a él?

El aye-aye tiene un dedo muy largo y fino en cada mano. Lo utiliza para encontrar sabrosas larvas de insectos. Con él da golpecitos en los árboles y nota las vibraciones de los insectos. Cuando los encuentra, el dedo actúa como una caña de pescar que saca las larvas. Se cree que los aye-ayes son los únicos primates que se sirven de la ecolocalización para cazar.

Solo **tres dedos** por pata (salta a la vista).

¡No se tira pedos y solo hace caca una vez por semana!

Totalmente daltónico.

Aunque parezca **achuchable**, está lleno de **bichos** y algas.

Rasca rasca
Rasca rasca

Velocidad máxima: ¡3 metros por minuto (0,18 km/h)!

¡Mamá **perezoso** da a luz colgada **cabeza abajo**!

Perezoso bayo.

~~Bradypus variegatus.~~ Vagancia maxima.

El mamífero más lento del mundo lleva un estilo de vida famoso por su letargo. Pero no es pereza: su estilo de vida lento tiene muchas ventajas. Llevar un ritmo lento y constante le ayuda a regular la temperatura corporal, conservar la energía y permanecer oculto a ojos de los depredadores (como los jaguares).

Los perezosos son criaturas arborícolas, o sea que se pasan la vida en los árboles. Lo hacen todo allí arriba, menos una cosa: ¡hacer caca! Bajan al suelo una vez por semana para plantar un pino. ¡Este extraordinario movimiento intestinal puede pesar hasta una tercera parte del peso corporal de un perezoso!

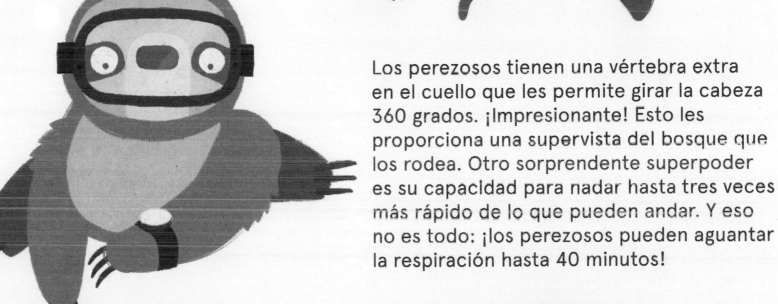

Los perezosos tienen una vértebra extra en el cuello que les permite girar la cabeza 360 grados. ¡Impresionante! Esto les proporciona una supervista del bosque que los rodea. Otro sorprendente superpoder es su capacidad para nadar hasta tres veces más rápido de lo que pueden andar. Y eso no es todo: ¡los perezosos pueden aguantar la respiración hasta 40 minutos!

La lentitud de sus movimientos y el tupido y áspero pelaje de los perezosos constituyen un hábitat muy atractivo para un montón de insectos, larvas y microorganismos. Pero no todos estos polizontes son malos: muchos perezosos tienen un tinte verdoso en el pelaje (gracias a las colonias de algas) que les proporciona una capa extra de camuflaje cuando están en las copas de los árboles.

43

Típula.

Tipulidae.

Incius wincius nosunarania.

Cuenta la leyenda que la típula tiene el **veneno más mortífero** de todas las criaturas de la Tierra. En realidad, ni tiene veneno, ni tiene colmillos.

Vive en **tu casa**. Seguramente.

Usa sus largas patas para **pasearse** por tu cara mientras duermes.

¡Muajajá!

¿Alguna vez se quita los **zancos**?

A pesar de sus largas patas, estas criaturas **no huyen** de los depredadores, sino que prefieren hacerse las muertas.

Hay más de 15 000 especies de típulas (también conocidas como zancudos) en todo el mundo. A pesar de la creencia popular, estos insectos patilargos no son venenosos, ni pueden morder, ni chuparte la sangre. Son inofensivas y constituyen una valiosa fuente de alimento para las aves de todos los continentes, excepto la Antártida.

Gallina sedosa.

~~Gallus domesticus.~~

Cincodigitus carapomponii.

Un plumaje innecesariamente sedoso.

Huesos de color **negro azulado** (la carne tiene el mismo color al cocinarla).

¿Por qué cruzó la gallina la carretera? Porque no podía volar por culpa de sus **alas insignificantes** y sus **plumas excesivamente sedosas.**

Las plumas sedosas se mojan un montón (y huelen fatal) cuando llueve.

Pueden salirles **cinco dedos** por pie (los pollos solo tienen cuatro). Puaj.

No pone muchos huevos en comparación con otras gallinas.

Las gallinas sedosas son una de las razas de pollos domésticos más antiguas que se conocen. ¡Tiene el esqueleto y los músculos de color negro azulado! Esta coloración atípica se debe a una peculiaridad genética llamada fibromelanosis, en la que el cuerpo produce un exceso de pigmentación, tanto por dentro como por fuera. Estas bellezas se consideran un manjar en muchas partes del mundo.

45

Pez globo.

~~Tetraodontidae.~~

Muii aladefensivii.

¡Un pez globo tiene suficiente **toxina** para matar a 30 personas adultas! Un poco excesivo, ¿no?

Un carácter algo **pinchoso**.

¡Fugu fugaz, no comerás! (página siguiente).

Lento y torpe al nadar.

Aleta **raquítica**.

Siempre a la defensiva.

Tiene cuatro extraños dientes que nunca paran de crecer.

Si lo **comes** con patatas, prepárate a **estirar la pata**.

El globo más enfadado del mundo.

Hay más de 120 especies de peces globo, pero todos son de tamaño relativamente pequeño y bastante lentos. Por eso, para evitar ser devorados por peces más grandes, los peces globo han desarrollado la capacidad de succionar una enorme cantidad de agua con sus estómagos elásticos para inflarse hasta alcanzar un diámetro mayor del que la mayoría de los depredadores se atreverían a engullir. Pero el autoinflado no es la única técnica de defensa del pez globo...

46

Casi todos los peces globo contienen una toxina llamada tetrodotoxina, que les da un sabor horrible y es mortal para casi cualquier criatura que la pruebe. A pesar de ello, parte de la carne del pez globo —una parte diminuta y no tóxica llamada fugu— está considerada un manjar en Japón. Debido a los riesgos que conlleva, los chefs japoneses deben realizar tres años de formación para poder prepararlo. Sin embargo, cada año se producen en Japón múltiples muertes provocadas por el fugu.

Diagrama del
sashimi de fugu:

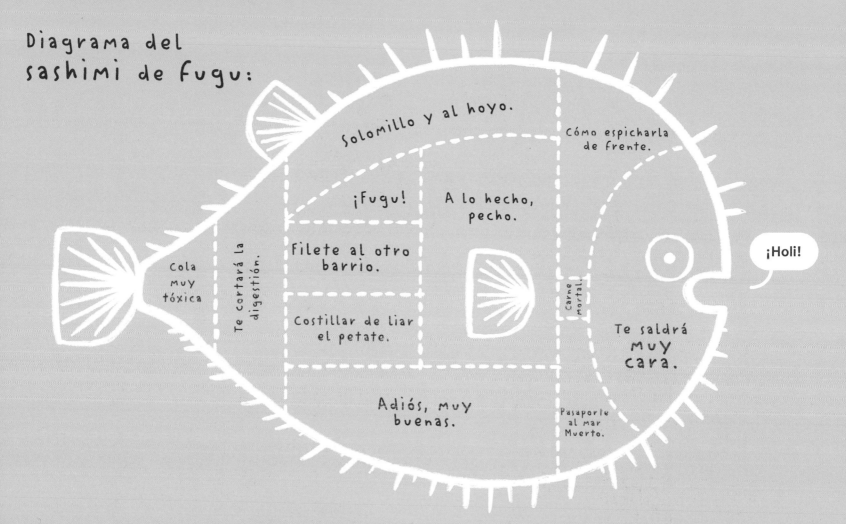

Solomillo y al hoyo.

Cómo espicharla de frente.

¡Fugu!

A lo hecho, pecho.

¡Holi!

Cola muy tóxica

Te cortará la digestión.

Filete al otro barrio.

Carne mortal.

Te saldrá MUY cara.

Costillar de liar el petate.

Adiós, muy buenas.

Pasaporte al mar Muerto.

Los humanos somos criaturas extrañas, pero no somos los únicos mamíferos a los que les gusta juguetear con cosas tóxicas. Los delfines juegan adrede con los peces globo para hacerles soltar sus toxinas defensivas. ¡En pequeñas dosis, esto tiene un efecto alucinógeno en los delfines que parece que les gusta!

Panda gigante.

~~Ailuropoda melanoleuca.~~

Ursus vagus.

Siempre parece **cansado**, pero se niega a **hibernar** (como muchos bebés humanos).

No sabe **rugir** como otros **osos.** →

Es tan **vago** que le da pereza tener muchas crías.

No tiene vista de lince. →

Se pasa hasta 12 horas al día **durmiendo.** Y las otras 12, masticando bambú.

Solo come plantas, pero está bastante **rechoncho.**

Seis dedos en cada pata delantera.

Cuando hace caca, suelta unos 28 kg de **bambú** al día. Av.

Cinco en las traseras.

Las crías de panda nacen de color rosa, sordas y ciegas. Solo miden 15 cm y pesan 100 g. Por suerte, las pandas son unas madres maravillosas y cuidan de sus crías durante unos 18 meses. Comiendo grandes cantidades de bambú (y poco más), las crías de panda crecen rápidamente hasta medir 1,5 m y pueden pesar la friolera de 135 kg cuando alcanzan la madurez, alrededor de los seis años.

Gorgojo jirafa.

~~Trachelophorus giraffa.~~

Bichus cuellus ridiculus.

El gorgojo jirafa macho tiene un cuello claramente más largo que el de la hembra. Ojo con el gorgojo cuando te mire de reojo. →

No muerde.

← A ver si adivinas de dónde les viene el nombre.

En invierno le cuesta encontrar bufandas de su talla. →

El cuello **largo** lo usa ← principalmente para **luchar** contra otros machos rivales. Nota: se nos ocurren armas mejores.

¡Puede volar! Menuda facha tiene en pleno vuelo.

← ¡Las **hembras** del gorgojo jirafa suelen hacer de **árbitro** entre dos machos que se pelean!

No tiene → aguijón.

←No tiene **pinzas**.

Estos pequeños escarabajos quisquillosos eligen vivir en un solo lugar (Madagascar) y en un árbol en concreto: ¡el árbol del gorgojo jirafa! Las hembras de gorgojo jirafa utilizan las suaves y peludas hojas de sus árboles favoritos para crear un capullo en el que ponen los huevos.

Pichiciego menor.

~~Chlamyphorus truncatus.~~

Noveum tresenumburrum.

Estos pelillos son un intento inútil de **parecer elegante** (también le ayudan a medir distancias cuando tocan lo que los rodea).
↓

Armadura **protectora** en el color más cañero de todos: rosa pálido.

Ve fatal.

Garras delanteras ridículamente **grandes** para fardar (y para excavar túneles).

Garras traseras no tan grandes para avanzar y/o chocarle esos cinco al pichiciego que lleva detrás.

Los más pequeños de la familia de los armadillos son también conocidos como «nadadores de la arena». Estos diminutos excavadores de túneles son uno de los pocos mamíferos terrestres que no tienen orejas externas visibles (por eso nunca los verás con gafas de sol). Tampoco es que necesiten gafas de sol, ya que pasan la mayor parte de su vida bajo tierra, comiendo invertebrados y alguna raíz de planta. Qué cuquis.

Una **mascota** terrible.

Con solo 11 cm de longitud, los pichiciegos menores son increíblemente cuquis, pero también muy susceptibles al estrés. Les sienta muy mal vivir en cautividad: la mayoría mueren antes de una semana. ¡No sirven como mascota!

Para escapar de los depredadores (y de los dueños de las tiendas de animales), los pichiciegos menores pueden sumergirse en la arena rápidamente. Una vez bajo tierra, se enroscan y su caparazón actúa como un corcho para taponar la entrada a la madriguera.

A la defensiva...

El pichiciego menor ha evolucionado a lo largo de muchos miles de años llevando una vida estrictamente nocturna: solo sale al amparo de la oscuridad. Igual que el hada de los dientes.

Advertencia: aunque también se lo conoce como «armadillo hada rosa», a pesar de esta cuestionable ilustración, no tiene alas. Ni varita.

Pez loro.

~~Scaridae.~~ Excrementus exfoliatus.

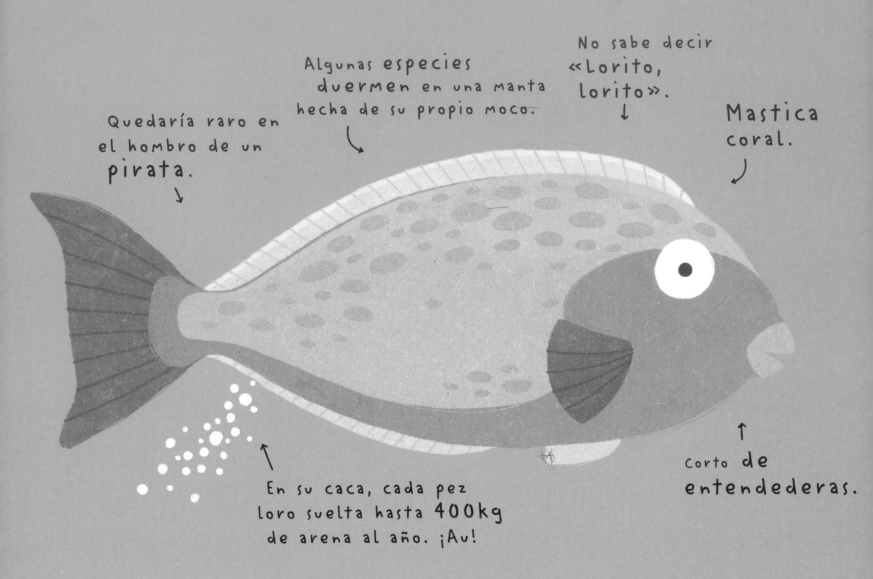

Quedaría raro en el hombro de un **pirata.**

Algunas especies duermen en una manta hecha de su propio moco.

No sabe decir «Lorito, lorito».

Mastica coral.

En su caca, cada pez loro suelta hasta **400kg** de arena al año. ¡Au!

Corto de **entendederas.**

Esta gran familia de peces recibe su nombre de sus dientes delanteros fusionados: parecen un pico de loro y los utilizan para desprender algas e invertebrados del coral. Mientras buscan su comida a bocados, los peces loro arrancan grandes trozos de coral duro. Para asegurarse de que obtiene todo lo que quiere de cada bocado arenoso, el pez loro tiene una segunda fila de dientes en la parte posterior de la boca que utiliza para triturar los trozos de coral que no quiere. El pez loro escupe el exceso de coral y lo demás lo expulsa en forma de caca. Desde hace miles de años, esta secreción arenosa se ha ido acumulando en las playas cercanas a los arrecifes de coral. Así que la próxima vez que juegues en una playa de arena blanca, piensa de dónde viene toda esa arena.

Planeador del azúcar.

~~Petaurus breviceps.~~

Aviatorii peludii.

¡Los planeadores del azúcar macho tienen **calvas!**

¡Es un **goloso!** Le gusta el néctar, la miel y hasta la savia.

Aspirante a **ardilla voladora.**

↑ Pequeñas garras extremadamente **afiladas.**

¿Te imaginas tener **membranas** gigantes que te conectasen las muñecas con los tobillos?

Mucha gente tiene un planeador del azúcar como **mascota** en casa. Les encanta hacerse **pis** en el sofá.

Estos marsupiales arborícolas se han adaptado estupendamente a la vida en los árboles. Sus patagios (membranas de piel en forma de ala) les permiten planear hasta 45 metros entre árboles. Cuando aterrizan, un dedo oponible en cada pata trasera les sirve para agarrarse y trepar al árbol. Sus tobillos pueden girar hasta 180 grados, lo que les permite bajar de cabeza por los troncos de los árboles. Aunque se parecen mucho, los planeadores del azúcar no son parientes de las ardillas voladoras.

Mono capuchino.

~~Cebus imitator.~~

Pipi manosuciax.

Manos **apestosas.**

Piedra para **espachurrar.** →

Es capaz de usar **herramientas sencillas** (aunque adquieren un tono amarillento por las manos sucias de pipí).

Sobacos **peludos.**

Esmoquin selvático.

Nunca ha ganado un Óscar, y seguramente nunca lo gane.

Se cree que estos primates meones son los más inteligentes de todos los monos del Nuevo Mundo (los que viven en Centroamérica y Sudamérica). Utilizan herramientas, como piedras de cara plana, para abrir nueces, cáscaras y semillas, y usan palos finos para sacar hormigas y termitas de sus nidos.

Son pequeñas criaturas muy sociables que se comunican con sus congéneres mediante una compleja serie de sonidos, gestos físicos y expresiones faciales. ¡Igual que nosotros! De hecho, los capuchinos se parecen tanto a nosotros que en las décadas de 1920 y 1930 se los vestía de jockeys y se les hacía montar en galgos de carreras. Pobrecillos. Hoy en día, los verás en un montón de películas de Hollywood.

Yo no quería.

No es un jockey cualificado.

Ocupado.

Pero no todo es lujo y glamur. Los capuchinos macho se hacen pis en las manos frecuentemente y usan la orina para lavarse los pies. No está claro por qué, pero podría ser para atraer a una hembra o para que otros capuchinos sepan a qué atenerse.

Ciervo de copete.

~~Elaphodus cephalophus.~~

Dracularis ladram bambi.

¿Por qué este **ciervo** recibe su nombre por este pequeño copete...

¡Guau! Este ciervo ladra → como un perro cuando está nervioso.

Su cola tiene un **lado oscuro.**
↓

... y no por sus enormes y terroríficos **colmillos?**

Ciervo ladrador, poco mordedor.

Pelo áspero (no lo acaricies).

A pesar de su aspecto vampírico, los ciervos de copete son herbívoros estrictos y se pasan casi todo el día comiendo hierbas, arbustos y frutos. Los ciervos de copete escapan del peligro moviendo la cola hacia arriba y hacia abajo al correr. Cuando la cola apunta hacia arriba, los depredadores ven la parte inferior de la cola, de color claro, pero cuando está hacia abajo, ven la parte superior oscura de la cola. Esta sencilla estrategia confunde a los depredadores y ayuda a los ciervos a ponerse a salvo.

Bicho espino.

~~Membracidae.~~

Pincha pupapupa.

¿Es que los arbustos no **pinchan** ya bastante sin que haya insectos **haciéndose pasar** por espinas?

Solo vive unos meses.

El nombre científico de esta parte puntiaguda es pronoto.

El nombre común que le darás cuando te sientes encima de uno no podemos imprimirlo aquí.

También llamado **espinita**.

Un grupo de bichos espino se llama «**zarza**». Es broma.

Muchas culturas piensan que, si eres **quisquilloso** en esta vida, te reencarnarás en un bicho espino.

Estos insectos tan bien vestidos son unos maestros del disfraz. Cuando se posan en el tallo de una planta, su exoesqueleto puntiagudo imita a la perfección la forma de una espina afilada y camufla al insecto de los depredadores. Hay más de 3 200 especies de bicho espino y se pueden encontrar en todos los continentes menos en la Antártida (¡mucho ojo la próxima vez que te sientes en un tronco o en un tocón!).

Cangrejo de los cocoteros.

~~Birgus latro.~~

Ladronum compinzae.

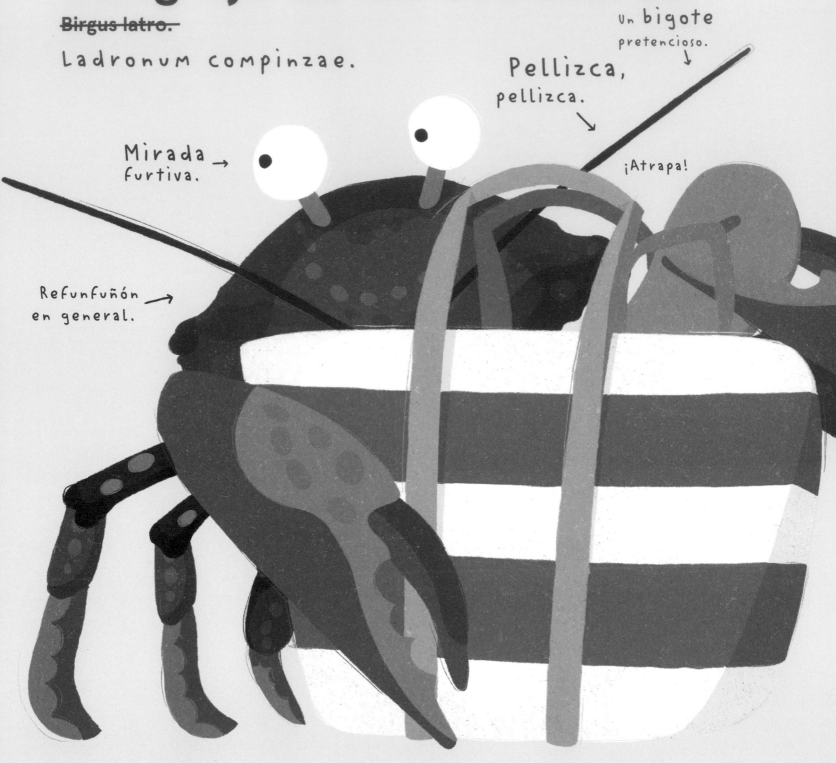

Un **bigote** pretencioso.

Mirada furtiva. →

Pellizca, pellizca.

¡Atrapa!

Refunfuñón en general. →

↑
Se le va el coco con los **cocos.**

↑
También conocido como **«cangrejo ladrón»** (roba cosas).

↑
De momento, los científicos no conocen a ningún **«cangrejo policía».**

58

Los cangrejos de los cocoteros tienen un increíble sentido del olfato que utilizan para encontrar comida. Sin embargo, este superpoder también puede ocasionarles problemas con los humanos. Los muy curiosos se meten en casas, habitaciones de hotel, bolsas de playa y mochilas para explorar nuevos olores.

Cuando encuentran esa olorosa novedad —ya sea basura, comida o incluso una cámara—, los cangrejos de los cocoteros suelen agarrar el botín con sus prácticas pinzas para escapar con él. Esto es tan habitual que reciben el nombre de «cangrejos ladrones».

Encontrarás cangrejos de los cocoteros casi en cualquier lugar donde haya cocoteros, en todo el océano Índico y el Pacífico central. Lo has adivinado: ¡les encanta comer cocos! Estos crustáceos de un metro de largo han desarrollado unas pinzas lo suficientemente grandes y fuertes como para romper la corteza de un coco sin ningún esfuerzo.

Dragón de mar foliáceo.

~~Phycodurus eques.~~

Folium inutilium.

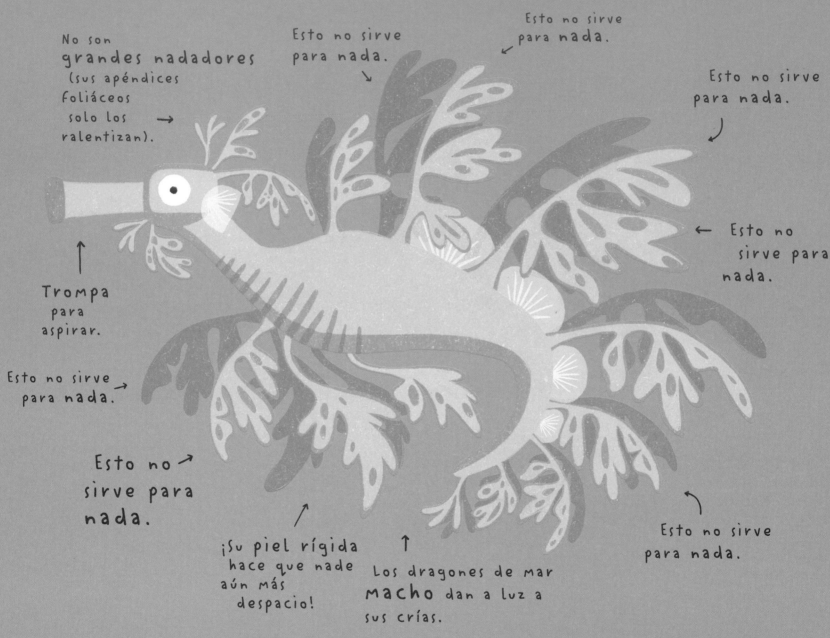

No son **grandes nadadores** (sus apéndices foliáceos solo los ralentizan).

Esto no sirve para nada.

Esto no sirve para nada.

Esto no sirve para nada.

Esto no sirve para nada.

Trompa para aspirar.

Esto no sirve para nada.

Esto no sirve para nada.

¡Su piel rígida hace que nade aún más despacio!

Los dragones de mar **macho** dan a luz a sus crías.

Esto no sirve para nada.

Estos primos de incógnito del caballito de mar flotan entre las algas en la costa sur de Australia. Su elegante disfraz ha evolucionado tanto para parecerse a su entorno que el dragón de mar foliáceo no tiene depredadores conocidos. Al igual que los caballitos de mar, los machos pueden incubar los huevos de sus parejas bajo la cola. La hembra del dragón de mar pone los huevos en la bolsa del padre durante el apareamiento, donde permanecen hasta nueve semanas. Cuando están listos para eclosionar, cientos de diminutos dragoncitos de mar saldrán al mar.

Pingüino gentú.

~~Pygoscelis papua.~~

Bamboleus enesmoquinus.

¡El 3% del hielo de la Antártida es pipí de pingüino congelado! (Llevan haciendo pis allí desde hace 60 millones de años.)

En tierra ve fatal. →

No sabe volar.

← No tiene dientes.

Ni idea de qué significa «gentú», ni de dónde sale ese nombre.

A pesar de vivir en la Antártida, un gentú solo se reproduce en zonas sin nieve ni hielo. Qué quisquilloso.

Muda todas las plumas una vez al año en lo que se conoce como «muda catastrófica».

Es la tercera especie de pingüino más grande del Antártico. Los gentús utilizan piedras pequeñas y guijarros para construir sus nidos. Los machos también suelen regalar piedras a las hembras para ganarse su afecto. Aunque en tierra se pasean bamboleándose con poca gracia, estos pingüinos se han adaptado extremadamente bien a la vida en el agua. Pueden nadar más rápido que cualquier otra ave, a más de 35 km/h, y pueden aguantar la respiración hasta 7 minutos. Hasta ven mejor bajo el agua que en tierra.

Hormiga cortadora de hojas.

~~Atta cephalotes.~~

Botanicus comecome.

Puede **deshojar** un árbol entero en **24 horas**. ¡Pobre árbol! ↓

Se pasa todo el día **transportando hojas.** Qué boba. ↘

No se toma un **día libre** (debe de estar muy estresada). ↓

Patas **peludas.**

Fanática de los **hongos.** ↑

← Sus **mandíbulas** (estas cosas pinchosas) pueden **cortar** la piel humana. ¡Au!

Estos laboriosos insectos son famosos por su capacidad para cortar y transportar grandes trozos de planta. Pero las hormigas cortadoras de hojas no se las comen, sino que las llevan a su nido, donde las hojas se pudren. Los hongos crecen en las hojas en descomposición y las hormigas se dan un festín con ellos. Como todas las especies de hormigas, las cortadoras de hojas desempeñan una función ecológica esencial. Con su incansable trabajo, las hormigas cortadoras de hojas ayudan a regenerar y enriquecer el suelo que las rodea, y eso permite que crezca nueva vida. Aparte de los humanos, las cortadoras de hojas forman las sociedades más complejas de la Tierra, con colonias muy bien organizadas que albergan hasta 10 millones de hormigas.

Jirafa.

~~Giraffa camelopardalis.~~

Camelopardis
ridiculus.

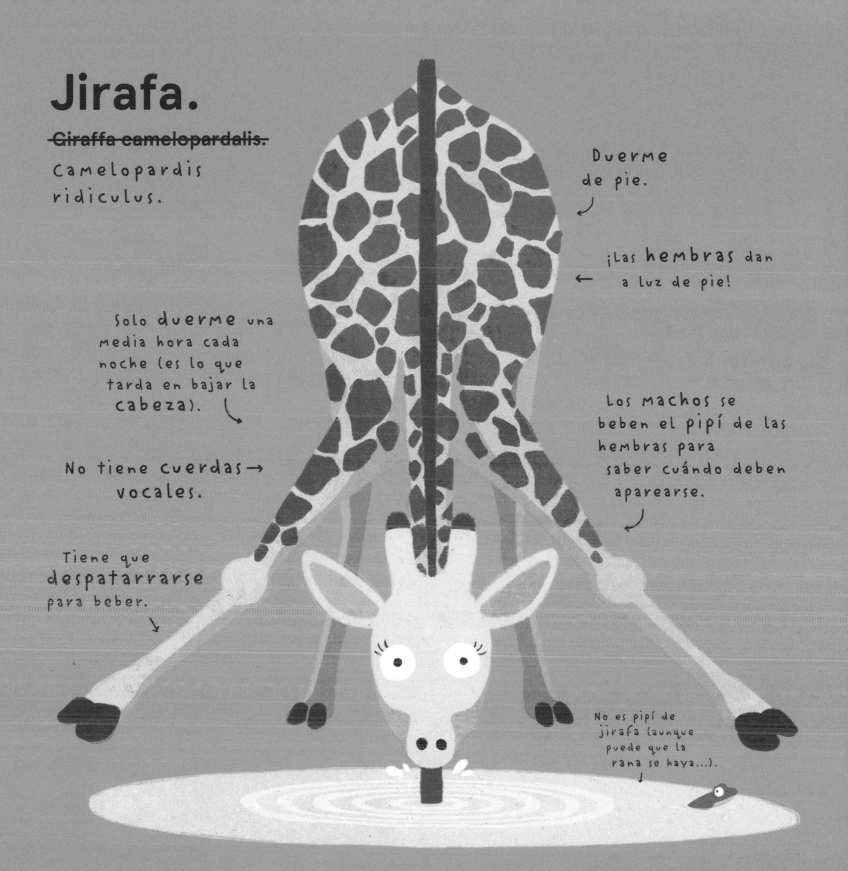

Duerme
de pie.

¡Las hembras dan
a luz de pie!

Solo duerme una
media hora cada
noche (es lo que
tarda en bajar la
cabeza).

Los machos se
beben el pipí de las
hembras para
saber cuándo deben
aparearse.

No tiene cuerdas →
vocales.

Tiene que
despatarrarse
para beber.

No es pipí de
jirafa (aunque
puede que la
rana se haya...).

Las jirafas son majestuosas. Son los animales terrestres más altos del planeta, ya que alcanzan una altura de hasta 5,8 m (o sea, más altas que tres personas adultas). Sin embargo, la altura de la jirafa no siempre juega a su favor. A pesar de su largo cuello, las jirafas tienen que adoptar una postura muy incómoda para poder beber agua. Por suerte, no beben con demasiada frecuencia —solo una vez cada varios días—, ya que obtienen casi toda el agua de las hojas.

¡Tiene el **diente retorcido** más retorcido del mundo!
↙

↑

Da un poco de **miedo**, pero es muy sensible.

El colmillo le crece a través del labio superior. ¡Au!
↙

A diferencia de casi todas las ballenas, **nunca abandona** las aguas heladas del Ártico. ¡Brrr!
↓

No tiene **dientes** (aparte del que salta → a la vista).

Narval.

~~Monodon monoceros.~~

Caradientix retorcidum.

El mítico «cuerno» del narval es en realidad un diente modificado que crece a través de la mandíbula superior. La mayoría de los narvales macho tienen un solo colmillo —puede llegar a medir 3 metros de largo—, pero algunas veces a los machos les salen dos. Las hembras de narval también pueden desarrollar un colmillo, aunque esto es mucho más raro. El colmillo está lleno de millones de nervios, así que es increíblemente sensible. No sabemos para qué sirve, pero es probable que el colmillo desempeñe alguna función a la hora de encontrar comida y para impresionar a las hembras (igual que los pavos reales macho exhiben sus plumas).

Los narvales no tienen aleta dorsal, por lo que utilizan todo su cuerpo para romper el hielo marino cuando necesitan salir a respirar. ¡Pero pueden aguantar la respiración hasta 25 minutos! Los narvales usan esta habilidad para bucear en busca de comida, y pueden llegar a profundidades de hasta 1500 metros en busca de los calamares, peces y camarones más tiernos. Los narvales no tienen dientes en la boca y se alimentan succionando criaturas marinas desprevenidas como una enorme y potente aspiradora.

No tiene aleta dorsal.

Los narvales tienen unos cuantos apodos (el más famoso es el de «unicornio marino»). ¿Por qué será?

Su nombre en inuit, «Qilalugaq qirniqtaq», significa «el que apunta hacia el cielo».

«Narval» deriva del nórdico antiguo —«nar» significa «cadáver»—, ya que pensaban que estos cetáceos se parecían a los cuerpos hinchados de marineros ahogados.

Chinchilla.

~~Chinchillidae.~~

Agradae frigidum.

¡Los **dientes** nunca le dejan de **crecer**!

Se sobrecalentará y se **autodestruirá** con el calor de tu salón.

¡Se da **baños** de polvo! ¿No es eso un poco contraproducente?

Oído **supersensible**. Se asusta fácilmente y puede rociarte de pis.

¡Le crecen hasta **75 pelos** de cada folículo!

Podría ser una **ardilla rechoncha** con un bonito abrigo de piel.

Estos roedores suaves y encantadores pueden criarse a grandes alturas, donde escasea el oxígeno y hace frío (¡hasta -5 °C!). Durante millones de años, las chinchillas han desarrollado un pelaje muy denso, fino y suave que las ayuda a conservar el calor. Su suave pelaje y su carácter sociable hacen que las chinchillas sean muy apreciadas como mascotas, y a menudo se exportan a climas mucho más cálidos que aquellos a los que están acostumbradas. Por eso, si viven en interiores, el lujoso pelaje de la chinchilla suele hacer que se sobrecalienten y estiren la pata.

Esfinge colibrí.

~~Macroglossum stellatarum.~~

Papilio incognito.

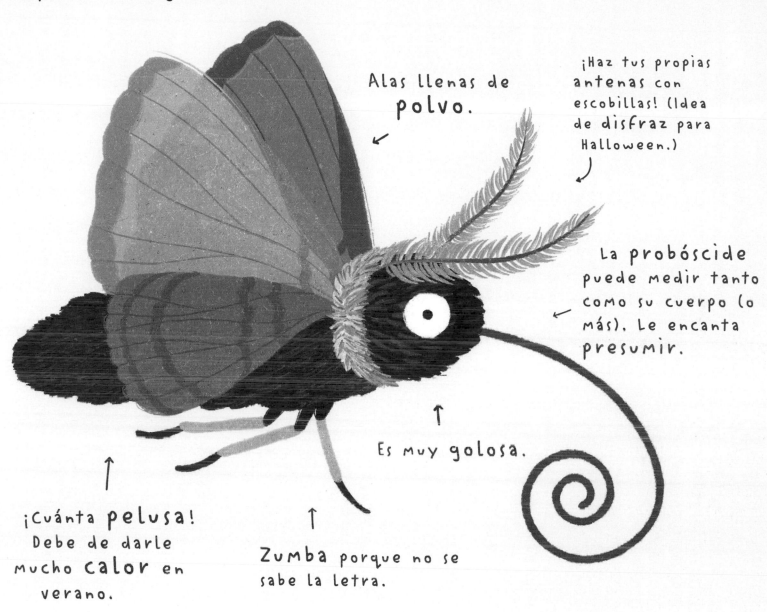

Alas llenas de **polvo.**

¡Haz tus propias antenas con escobillas! (Idea de disfraz para Halloween.)

La probóscide puede medir tanto como su cuerpo (o más). Le encanta presumir.

Es muy golosa.

¡Cuánta **pelusa!** Debe de darle mucho **calor** en verano.

Zumba porque no se sabe la letra.

Esta maravillosa polilla puede batir las alas, increíblemente fuertes, 70 veces por segundo, y eso le permite revolotear alrededor de su comida favorita para utilizar su probóscide (es como su lengua) para succionar el néctar de las plantas en flor. Al igual que el colibrí, esta superpolilla zumba mientras revolotea. Pero este insecto no es pariente del pájaro: los dos son un maravilloso ejemplo de evolución convergente, en el que dos especies distintas han desarrollado comportamientos similares (y un aspecto similar) para aprovechar al máximo su hábitat.

Zooplancton.

~~Grupos tróficos diversos.~~

Sopae vivae.

Va flotando,
a la espera de que
alguien se lo coma. →

Vive en el mar, pero en
realidad no sabe nadar.
↓

El zooplancton puede ser microscópico,
pero muchos son visibles a simple vista.
Este grupo incluye medusas diminutas,
crustáceos (como el kril), huevos de
peces, larvas, gasterópodos y muchos,
muchos más.

El plancton es un conjunto de
organismos que flotan en las capas
superiores del mar. Hay dos tipos de
plancton: el fitoplancton, que son
organismos vegetales microscópicos,
y el zooplancton, que son animales
que se alimentan de otro plancton.

Creo que este salió volando
cuando estornudó un delfín.
↓

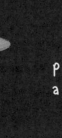

¿Esto es comida
para peces de
acuario?
↘

No tiene **nada** que hacer.

No sabe **adónde** ir.

Las ballenas se los meriendan sin darse cuenta.

Viven en todos los rincones del mar. Sin esta sopa de minúsculos organismos a la deriva, nuestros mares serían totalmente diferentes y habría muchos menos peces.

¿Cangrejo-plancton?

¡Suelen ser **traslúcidos** (dejan pasar la luz)!

El zooplancton se come entre sí y también come fitoplancton. Juntos forman las capas inferiores de la cadena alimentaria de los mares: sostienen toda la vida animal marina, desde las ballenas hasta las morsas, pasando por las gambas y los tiburones.

Cuando las barbas de una ballena veas asomar, pon las tuyas a temblar.

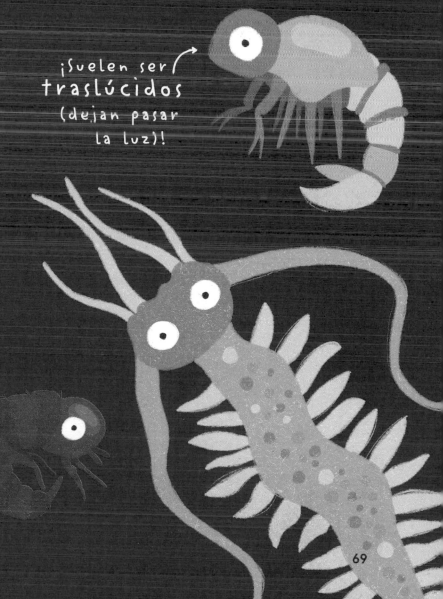

Pulpo dumbo.

~~Grimpoteuthis.~~

Octopusi cuqui.

Esta familia de cefalópodos de aguas profundas, profundamente cuquis, es fácilmente reconocible por sus aletas en forma de oreja de elefante que le sobresalen de los lados del manto (la parte que parece una cabeza). Igual que el elefante volador de la película utilizaba las orejas para desplazarse, los pulpos dumbo baten las aletas en forma de oreja para ir de un sitio a otro.

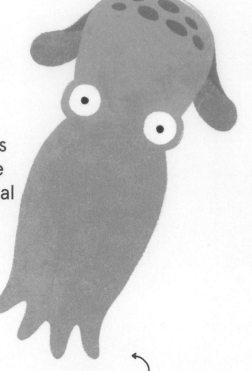

Aletas extra
(¿no tiene bastante con ocho brazos?).

¡Se traga la comida entera! Seguramente también apoyaría los ocho codos sobre la mesa (si tuviera codos).

Sangre azul (que sepamos, no pertenece a la familia real).

Tiene unos **ojos enormes** (ocupan un tercio de la anchura de la cabeza), pero ve fatal.

No escupe tinta, a diferencia de muchos pulpos.

Pertenece a una familia conocida como «pulpos paraguas», así que mucho ojo con abrir uno dentro de casa.

Nueve cerebros.

¡Tres corazones!

Para moverse a mayor velocidad, los pulpos dumbo se impulsan con todos los brazos en forma de paraguas al mismo tiempo. Sin embargo, rara vez necesitan huir rápidamente. Viven a profundidades tan extremas (al menos a 4 km por debajo del nivel del mar), que es raro que se encuentren con depredadores hambrientos.

Musaraña elefante.

~~Macroscelididae.~~

Falsus elefans almizclorum.

Pensando en las musarañas.

También conocida como «musaraña saltarina» (se asusta fácilmente).

¡Puaj! Una glándula debajo de la cola produce un olor almizclado para marcar el territorio y disuadir a los depredadores.

No es una trompa.

Está claro que no es un elefante.

Advertencia: no intentes domesticar a esta musaraña, a menos que te gusten las mascotas con olor a almizcle.

No es una musaraña de verdad.

Cola escamosa, da repelús.

También conocidas por su nombre africano, «sengi», las musarañas elefante suelen medir menos de 15 cm, ¡pero pueden saltar hasta casi un metro de altura! Este comportamiento les ayuda a evitar a sus numerosos depredadores y amenazas (como serpientes y grandes lagartos). Las musarañas elefante se emparejan de por vida, pero pasan casi todo el tiempo solas, buscando hormigas, larvas y sabrosas termitas con sus impresionantes hocicos en forma de trompa.

71

Mosquito.

~~Culicidae.~~

Pesadus maximus.

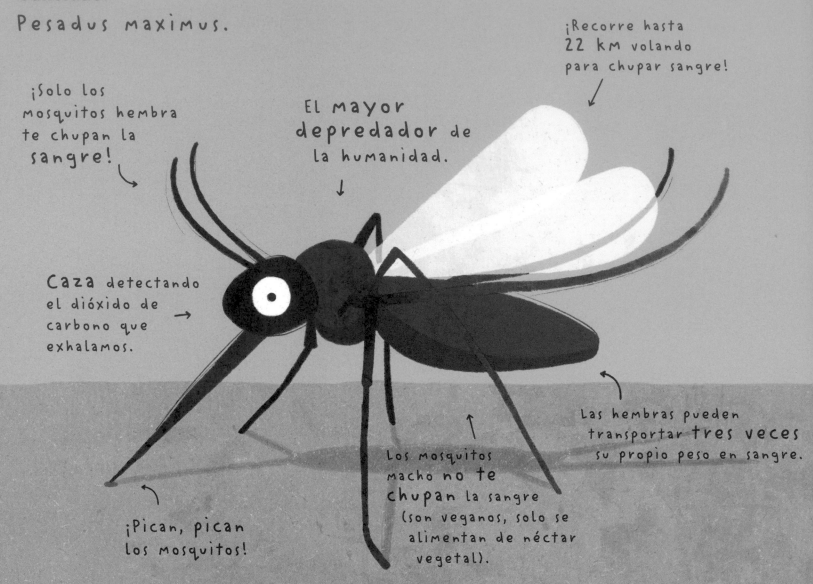

¡Recorre hasta
22 km volando
para chupar sangre!

¡Solo los
mosquitos hembra
te chupan la
sangre!

El mayor
depredador de
la humanidad.

Caza detectando
el dióxido de
carbono que
exhalamos.

Las hembras pueden
transportar tres veces
su propio peso en sangre.

Los mosquitos
macho no te
chupan la sangre
(son veganos, solo se
alimentan de néctar
vegetal).

¡Pican, pican
los mosquitos!

El animal más mortífero del mundo no es un león, ni una serpiente, ni un velocirráptor reconstituido, ni un hipopótamo enfadado… ¡es un mosquito! El mosquito es portador de toda una serie de virus malvados que provocan enfermedades mortales como la malaria y el dengue. Han sido responsables de la pérdida de más vidas humanas que cualquier otro animal. Sin embargo, a pesar de lo molestos y peligrosos que son para los humanos, solo unas pocas especies de mosquitos beben sangre, y todavía son menos las que prefieren alimentarse de seres humanos: muchas atacan a pájaros, ranas y otras criaturas. Las más de 3 000 especies de mosquitos que existen en el mundo desempeñan una función esencial como alimento para insectos más grandes, mamíferos, reptiles y aves.

Cerdo hormiguero.

~~Orycteropus afer.~~

Porqui auriculari.

Orejotas.

No es **pariente** del cerdo ni del oso hormiguero.

Lomazo.

¿**Mamá Naturaleza** no se sintió culpable por crear una criatura **con sobras**?
☐ **Morro** de cerdo.
☐ **Orejas** de conejo.
☐ Cola de **canguro**.

Piel dura (parece que la necesita).

La cola no es de cerdo.

Daltónico.

No puede **cavar** en el suelo rocoso (tú tampoco).

Vive en un agujero.

Palas cortas.

Estos mamíferos africanos se alimentan casi exclusivamente de insectos. ¡Y comen muchos! Los cerdos hormigueros utilizan sus robustas patas y sus fuertes garras para cavar en los nidos de termitas, ¡y comen hasta 50 000 termitas cada noche! Como a las termitas no les entusiasma ser víctimas de semejante atrocidad, devuelven el mordisco. Sin embargo, el cerdo hormiguero se sabe un par de trucos: ha desarrollado una piel increíblemente dura para ofrecer resistencia a las malintencionadas mandíbulas de las termitas mordedoras. Y lo que es mejor, ¡pueden cerrar los orificios nasales a voluntad para evitar que entren las termitas!

Caracol de jardín.

~~Cornu aspersum.~~ Babosa espiralis domus.

Algunos caracoles se saludan con un «choca esos cuernos».

Se mueve a **velocidad** de caracol: ¡a un máximo de 0,045 km/h!

No tiene **columna.**

¡A pesar de su aspecto tranquilo, muchos caracoles son **caníbales** indisciplinados!

No tiene **dientes.**

Deja un **rastro viscoso** de moco.

¿No es una **babosa** con caparazón?

Los caracoles se consideran un **manjar culinario** en muchas culturas de todo el mundo.

Hay quien come **huevos** de caracol *puaj*. Los llaman **«caviar blanco».**

Los caracoles pertenecen a una familia de triunfadores conocida como gasterópodos, de la que existen unas 43 000 especies. Sorprendentemente, a lo largo de unos 500 millones de años se han adaptado a vivir en casi todas partes, desde las profundidades oceánicas hasta los desiertos secos. Y los hay de todos los tamaños: desde menos de 1 mm de longitud (tan pequeños que pasan por el ojo de una aguja), hasta la friolera de 39 cm de largo. Los caracoles realizan una importante función ecológica, ya que descomponen la vegetación y ayudan a mantener las cadenas alimentarias allí a donde llegan arrastrándose lentamente.

Rana dorada venenosa.

~~Phyllobates terribilis.~~ Croacroa fiambrii.

¡Bicho molestón, fácil solución! ↓

A sus renacuajos les da de comer sus propios huevos. ↙

Este color es la manera que tiene Mamá Naturaleza de decirte: «¡No chupes esta rana!». (O te irás al otro barrio.) ↘

No tiene dientes ni púas para administrar el veneno. ←

Dicen que tienes veneno en la piel. ↓

Depende de que se lo coman para darle una lección a su atacante. (Esto no acaba bien para ninguna de las dos partes.) ←

El amarillo fosforito no es el mejor camuflaje. ←

↑ ¡Advertencia! ¡No te la comas!

Como habrás adivinado por su inequívoco nombre, este pequeño anfibio está considerado una de las criaturas más tóxicas del planeta. Con la altura de un clip, cada individuo contiene suficiente veneno para matar a diez personas adultas. Debido a su capacidad para producir esas toxinas letales, la rana dorada venenosa solo tiene un depredador, la culebra de pantano. Hay más de 200 especies de ranas venenosas en los bosques nativos de Sudamérica, donde evolucionaron hace unos 45 millones de años (y allí han estado viviendo sin que las molesten desde entonces).

Kiwi.

~~Apteryx mantelli.~~

Novuelae nofrutae.

No es pariente del kiwi fruta, aunque tiene un aspecto parecido.

Casi totalmente ciego.

¿Será verde por dentro?

No puede volar (alas raquíticas).

¿Por qué tiene bigotes si es un ave?

Plumas desaliñadas.

Huesos pesados.

Estas diminutas aves no voladoras son originarias de Nueva Zelanda. Sus habitantes están tan enamorados de esta ave que se hacen llamar «kiwis». Su pequeño tamaño (el de los pájaros, no el de las personas), sus plumas suaves y sus bigotes de gato hacen que estas peculiares aves resulten muy monas. El kiwi es la única ave con orificios nasales al final del pico, que utilizan para buscar comida. Su sentido del olfato es excelente, lo que compensa su vista, no tan excelente. Y para rematar este compendio de monerías, los kiwis son increíblemente tímidos, quizá por eso son nocturnos. Ah, y se emparejan de por vida.

Ajolote.

~~Ambystoma mexicanum.~~

Branquius rosae inutilis.

Branquias innecesariamente exageradas.

Los ajolotes jóvenes se comen entre sí. ¡Pues no eran tan cuquis!

No parpadea. ¡No tiene párpados!

No mastica la comida. La aspira y ya está. Qué maleducado.

Come renacuajos. Qué ricos.

Baila un pequeño vals para iniciar el **apareamiento**, igual que hacía tu abuelo.

Tiene que tragar **piedras** para digerir la comida.

Originarios de un solo sistema fluvial de agua dulce en México, estos sorprendentes anfibios pueden respirar bajo el agua a través de las branquias externas, o en tierra a través de los pulmones (aunque esto es poco frecuente). Pero lo que es aún más sorprendente es la capacidad del ajolote de regenerar partes de su cuerpo tras una herida. Pueden regenerar las extremidades, la cola, los ojos, incluso una espina dorsal rota y un cerebro dañado... una y otra vez.

Conclusión.

Las criaturas de este libro no tienen que estar en ningún lugar en concreto, ni tienen nada que demostrar. Están aquí (igual que nosotros) por casualidad, para vivir en nuestro maravilloso mundo. Nos recuerdan que, aunque todos somos muy diferentes, seamos quienes seamos hay un lugar para todos y cada uno de nosotros. Todos estamos hechos de la misma materia, compartimos el mismo planeta y formamos parte del mismo todo.

Ja, ja.
↓

Sí —tú, yo, el ornitorrinco, el plancton y el pez globo—, todos estamos en diferentes ramas del mismo árbol genealógico, que se remonta a la primera forma de vida en la Tierra. Está en nuestras manos respetar y cuidar a las personas y a los demás animales con los que compartimos el planeta. Casi siempre, esto puede resumirse en que debemos dejar a los demás en paz. ¿*También al pichiciego menor? Son tan cu...* Sobre todo al pichiciego menor.

Índice.

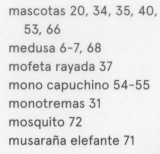